Dieter Hallervorden

Der Dichter und die Brombeeruhr

Komische Kurz- und Kleingeschichten

Möller
VERLAG

Die Deutsche Bibliothek – CIP-Einheitsaufnahme

Hallervorden, Dieter:
Der Dichter und die Brombeeruhr : komische Kurz- und Kleingeschichten / Dieter Hallervorden. – Niedernhausen : Möller, 1994
ISBN 3-8159-0060-3

ISBN 3 8159 0060-3

Umschlaggestaltung: Andreas Jacobsen
Titelbild: HGM-press, Boris Trenkel
Fotos: HGM-press, Boris Trenkel
Maske: Michael Maichle
Layout: Horst Bachmann
Redaktion: Thomas Wieke
Herstellung: Sabine Vogt
Satz: Raasch & Partner GmbH, Neu-Isenburg
Druck: Offizin Andersen Nexö Leipzig GmbH

817 2635 4453 6271

Inhalt

Nächtlicher Besuch

Von einem Moment zum anderen war Peter Kramer plötzlich hellwach. Es war kurz nach Mitternacht. Er löste sich aus dem Klammergriff seiner Freundin Viola und setzte sich vorsichtig auf. Heftige Kopfschmerzen erinnerten ihn daran, daß er seinem Vorsatz, zu Bier keine braunen Schnäpse mehr trinken zu wollen, mal wieder untreu geworden war. Doch weder sein Kater noch das sanfte Schnarchen seiner ebenfalls alkoholisierten Bettgenossin waren die Ursache für sein plötzliches Erwachen. Er war sich vielmehr – aus einem für ihn völlig unerklärlichen Grund – absolut sicher, daß sich im Wohnzimmer nebenan irgend jemand befand.
Mit beiden Händen preßte er die schmerzenden Schläfen und horchte in die Dunkelheit. Vorsichtig stieg er aus dem Bett und schlich so leise wie möglich durchs Zimmer. Er öffnete die Tür, tastete nach dem Schalter, knipste das Licht an und erstarrte.
Im Ohrensessel saß ein ihm völlig fremder Mann. Langhaarig, bleich, dunkler Pulli, Jeans. Etwa 40 Jahre alt. Er rauchte eine Zigarette. Peter Kramer starrte ihn zu Tode erschrocken an.
Der Mann lächelte und meinte: „Na endlich!"
Kramer schluckte. „Wie – was ... wieso: Na endlich?"
„Na, ich warte hier schon ungefähr 'ne halbe Stunde."
„Was heißt ... wieso warten?"
„Mensch, ich bin gekommen, um dich abzuholen!"
„Wie abzuholen?"
Der Mann wurde leicht ungeduldig: „Mann, Mann, Mann! Haste 'n Knick in der Antenne oder was? Ich will

„Ich bin gekommen, um dich abzuholen."

dich holen, dich mitnehmen – deine Uhr ist abgelaufen: Na, checkst du's nun endlich?"
Kramer schluckte und hörte sich dann stammeln: „Aber das ... das ... das ist doch nicht möglich ..."
„Was heißt nicht möglich? Dachtste vielleicht, ich komme hier als Gerippe mit 'ner Sense in der Hand und säusele: ‚Es ist ein Schnitter, der heißt Tod'?"
„Nein, nein – ich meine, das muß ein Irrtum sein!"
Der Mann lachte: „Ja, ja – das meinen sie alle." Er stand auf und zog ein Stück Papier aus der Tasche: „Da, hier steht's: Klaus Hoffner in der Nacht vom 30. zum 31. März."
Kramer atmete tief durch und sagte dann beruhigt: „Sehen Sie! Und das ist der Irrtum!"
Der Mann lächelte abfällig und deutete auf seine große Armbanduhr: „Hör doch auf, Mann! Hier: Es ist 9 Minuten nach Mitternacht, und wir haben den 31. März. Ich steh' mir hier doch nicht umsonst die Tangolatten in 'n Bauch! Also los, komm jetzt!"
„Kleinen Moment! Ich bin nicht Klaus Hoffner, mein Name ist Kramer, Peter Kramer!"
Dabei verbeugte er sich beflissen und etwas zu unterwürfig, was bei seinem nackten Zustand einer gewissen Komik nicht entbehrte. Sein Geschlechtsteil nickte, als wolle es die Angaben seines Inhabers bestätigen.
„Also, so 'ne blöde Ausrede hab' ich mein Lebtag noch nicht gehört. Da mußte dir schon 'n besseren Spruch einfallen lassen. Und jetzt komm mal langsam in die Gänge, und zwar 'n bißchen plötzlich."
Kramer wurde angst und bange. Er stieß den anderen mit dem Ellenbogen an und versuchte es auf die kumpelhafte Tour: „Ich geh' hier bloß 'n bißchen fremd, verstehste. Der Hoffner ist für drei Tage auf Geschäftsreise, da hab'

ich seiner Frau 'n bißchen die Langeweile vertrieben, wenn Sie verstehen, was ich meine …"
„Also okay, um die Sache abzukürzen: Zeig mir deinen Ausweis!"
„Den hab' ich natürlich zu Hause …"
„Okay, dann zeig deine Pappe!"
„Meine Pappe?"
„Deinen Führerschein, du Dillgurke!"
„Den … den … den hebt meine Frau immer für mich auf!"
Der Mann griff zum Telefon neben sich, hob den Hörer ab, hielt ihn Kramer hin und sagte: „Dann ruf sie an und sag ihr, sie soll deinen Kram hier vorbeibringen. Und zwar innerhalb der nächsten Viertelstunde!"
Kramer erschauerte bei dem Gedanken, seine recht resolute Frau in sein außereheliches Treiben einweihen zu müssen.
„Nee, also das kann ich … das kann ich ihr nicht … also das … das geht nicht …"
Der Mann hielt ihm stumm den Hörer hin und fixierte ihn lächelnd.
Kramer wand sich weiter: „Weil, wir haben kein Telefon, das heißt, wir haben schon … aber ich hab' vergessen, die Rechnung … äh, und da ist es gesperrt, also im Moment … ähm … tot!"
Der Mann wiederholte Kramers letztes Wort bedeutungsvoll: „Tot! Sehr richtig! Langsam schnallstes!"
Kramer hatte rechtzeitig den erlösenden Einfall: „Ich kann doch einfach Viola – also Frau Hoffner – wecken, und die kann Ihnen dann bestätigen, daß ich nicht er bin, sondern ich …"
„Welches Baujahr?"
„Wie meinen?"

„Sag mal, haste 'n Pfropf auf der Hypophyse oder was? Ich will wissen, wie alt die Schnecke ist."
„Ach so! Die ist … äh … ungefähr 27."
„Und hat wahrscheinlich ungefähr 'ne Figur wie 'n Müllkübel, was?"
„Wie kommen Sie denn darauf?"
„Na, 'ne Frau, die sich von dir Fieber messen läßt – also entweder isse blind oder hier oben behindert oder eben kübelmäßig."
Er musterte Kramer und fügte hinzu: „In deinem Fall wahrscheinlich 'n blinder, behinderter Müllkübel …!"
Kramer hatte in seiner Situation kein Ohr für Beleidigungen und beeilte sich nur zu versichern: „Viola sieht sehr gut aus. Topfigur und so …"
Der Mann betrachtete das Häufchen Elend vor sich und sagte grinsend: „Topfigur? Dann muß sie pervers sein!" Und noch bevor Kramer etwas erwidern konnte, fügte er hinzu: „Also okay! Aber dafür, daß ich dir diese letzte Chance einräume, will ich 'n Striptease sehen, verstanden?"
Kramer guckte verlegen an sich herunter und sagte entschuldigend: „Aber ich hab doch gar nichts mehr an."
„Nicht von dir, du Blödkröte! Von deiner Alten!"
„Na, die … die … die … hat natürlich leider auch nichts mehr an!"
„Dann zieh ihr was über! 'n bißchen was bieten mußte mir schon!"
Er trat dicht an Kramer heran und sagte freundlich: „Und falls du ihr die Topfigur nur angedichtet hast, kannste schon mal ganz langsam Richtung Friedhof vorgehen! Wenn mir nämlich schlecht wird, kann ich eigenartigerweise furchtbar unangenehm werden. Und jetzt los, halt mich bei Laune!"

Kramer schluckte, ging von dem Fremden gefolgt zurück ins Schlafzimmer und regelte mit dem Dimmer eine angemessene Lichtfülle, während sich der Fremde hinter einem Paravent verbarg. Viola ließ nach wie vor sanft aber regelmäßig das Gaumensegel flattern. Kramer zog vorsichtig das Deckbett zur Seite, richtete seine erschöpft schnarchende Freundin so weit auf, daß er ihr mit unendlicher Mühe einen Morgenrock überstreifen konnte, schaltete dann die Stereoanlage ein und begann seine Weckversuche.

„Schmuseputz", flüsterte er. „Schmu-se-putz!"

Viola stöhnte nur kurz und warf sich mit solcher Wucht zur Seite, daß Kramer vom Bettrand plumpste. Er lächelte dümmlich zu dem Fremden hinter dem Paravent hinüber und verstärkte nervös seine Bemühungen.

„Pützelchen", flüsterte er, „Pützelchen!" Ein Kraulgriff im Nacken brachte nicht den gewünschten Erfolg, eher schon ein Rütteln an den Schultern. Viola öffnete die Augenlider, so weit es ihr Kater erlaubte, und gurrte stöhnend: „Was ist denn, Liebling?"

Kramer säuselte: „Dein kleiner Schneiselwoitz möchte so gerne 'n Striptease sehn."

Viola richtete sich halb auf und lallte: „Striptease – oh nein, nicht schon wieder ...!"

„Wenn du jetzt für deinen kleinen Schneiselwoitz 'n Striptease machst, dann ..." Kramer beugte sich ganz dicht an Violas Ohr und wisperte ihr Versprechungen in den Gehörgang, deren Tragweite er aus Erfahrung für erfolgsträchtig hielt. Gleichzeitig kraulte er – um unterstützende Maßnahmen bemüht – mit der einen Hand Violas erogene Nackenzone, während er in akrobatischer Verrenkung mit der anderen Hand hinter sich den Lautstärkeregler der Stereoanlage nach oben drehte.

Und tatsächlich: Viola erhob sich und torkelte aus dem Bett. Aus den Lautsprechern ertönte der Song ‚Life is life'. Ängstlich schielte Kramer zum Paravent hinüber; aufatmend stellte er fest, daß der Fremde sich gut zu amüsieren schien.

„Schmuseputz, jaaa, Schmuseputz – bring es!" rief Kramer in einem Tonfall, den er für sinnlich hielt, verzweifelt um das Heucheln von Geilheit und Interesse bemüht: „Schmuseputz, zeig es deinem Schneiselwoitz, oh, zeig es!"

Viola stampfte durch das Zimmer und lallte: „Leiheff iss Leiheff!" Sie versuchte, – so lasziv, wie es ihr Zustand erlaubte – den Morgenrock abzustreifen, verhedderte sich in einem Ärmel und fiel rückwärts in die Zimmerpflanzen, die zu zwei Dritteln aus Kakteen bestanden. Der Alkoholpegel in ihrer Blutbahn hatte eine so konstante Dichte erreicht, daß jegliche Form von Schmerzempfinden ausgeschaltet zu sein schien. Viola machte es sich sofort zwischen dem Blattgrün auf dem Teppich bequem und lallte kurz vorm Einschlafen in völliger Verkennung sämtlicher Tatsachen: „Bitte mach mich müde, Schneiselwoitz!"

Schneiselwoitz alias Kramer stand der Sinn nach anderem. Er astete Viola zum Bett zurück und wollte jetzt endlich zu dem Punkt kommen, wo ihn ihre Aussagen aus seiner mißlichen Lage befreiten. „Schmuseputz," begann er, „weißt du, was deinen kleinen Schneiselwoitz jetzt echt wahnsinnig machen würde?"

„Was denn?" lallte Viola leicht gereizt, weil sie das ständige Tätscheln ihrer Wangen am Einschlafen hinderte.

„Wenn mein Violinchen ihrem Schnieselschnaselschneiselwoitz jetzt sagen würde, daß er – obwohl er gaaanz dicht bei ihr liegt – gar nicht ihr richtiger Mann ist."

„Ach, hör doch auf", knurrte Viola jetzt schon ziemlich unwillig.
Als sich jedoch das Tätscheln ihrer Wangen verdächtig in Richtung Ohrfeigen zu verstärken begann, leierte sie ihre Lektion herunter: „Du bist der einzige Mann, den ich habe. Ich habe keinen anderen neben dir. Ich will nur dich. – Ende! Zufrieden?"
Kramer schielte verzweifelt in Richtung Paravent. Der Fremde, der sich bis jetzt blendend amüsiert hatte, grinste breit und machte schadenfroh das Victory-Zeichen.
Kramer versuchte es verzweifelt noch mal auf eine andere Tour. Er schüttelte seine Freundin wach und sagte vorwurfsvoll: „Weißt du, Viola, ich finde es echt abstoßend, daß du schon wieder so betrunken bist!"
„Bin nich betrunken", schluckaufte Viola.
„Na, dann sag mir doch mal, wie ich mit Vornamen heiße."
„Schneiselwoitz!"
„Nein, ich meine meinen richtigen Vornamen."
„Schneiselwoitz, Schmusekeks, Schnuselsturz", lallte Viola, warf sich zur Seite und wollte nun endlich den süßen Schlaf über sich kommen lassen. Stattdessen tat das der verzweifelte, angstgebeutelte Kramer: „Sag sofort, daß wir nicht verheiratet sind …"
In diesem Augenblick wurde die Schlafzimmertür geöffnet und Herr Klaus Hoffner – Violas Angetrauter – besah sich ungläubig das Chaos: Batterien leerer Flaschen, halbausgetrunkene Gläser allüberall, übervolle Aschenbecher – Herr Hoffner war strikter Nichtraucher –, umgestürzte Zimmerpflanzen, ein zerwühltes Ehebett und in diesem auf seiner Frau ein gewisser Herr Peter Kramer. Aus den Lautsprechern kommentierte Frank Sinatra: „Strangers in the Night …"

Herr Hoffner betätigte den Dimmer. Volles Licht überflutete das Chaos.
„Kramer", schrie Hoffner, „was machen Sie im Bett meiner Frau?"
Obwohl diese Frage angesichts der Nacktheit der betroffenen Personen nur rhetorisch gemeint sein konnte, ließ sich Kramer die Gelegenheit zur eindeutigen Klarstellung nicht entgehen: „Herr Hoffner, ich bin seit anderthalb Jahren der Liebhaber Ihrer Gattin!"
Herr Hoffner griff sich an die Herzgegend, taumelte erst seitlich, dann rückwärts und fiel in sich zusammensackend just an der Stelle in die Kakteen, wo seine treusorgende Gattin bereits fürsorglich die Stacheln entfernt hatte.
Einen Moment lang hörte man nur das Schnarchen von Viola; dann trat der Fremde hinter dem Paravent hervor und sagte anerkennend: „Du wirkst ja echt umwerfend! Gratuliere!"
Kramer winkte bescheiden ab: „Ach, nicht der Rede wert!"
„Doch, echt! So schnell und ohne Widerrede hab ich das noch nie geschafft! Überlege mir, ob ich dich nicht als Assistenten einstellen sollte ...! Hättste Lust?"
„Bin momentan sowieso arbeitslos. Was verdient man denn da so?"
„Will mal so sagen: Um die ganzen Kosten für Essen, Trinken, Wohnung, Auto brauchste dir keine Sorgen mehr zu machen."
„Tatsächlich", meinte Kramer hocherfreut, „und wann könnte ich da anfangen?"
„Sagen wir übermorgen? Okay?" Der Fremde streckte ihm die Hand hin, Kramer reichte ihm ohne zu zögern die seine.

„Top, die Sache gilt!“, sagte der Fremde. „Also! Dann hol' ich dich übermorgen!“
Der Tonfall, in dem der Fremde den letzten Satz wie nebenbei fallen ließ, machte Kramer stutzig: „Wie ... was soll das heißen: Ich hol' dich übermorgen?“
„Na, den Job kannste natürlich nur als Toter machen. Also dann: Mach dir noch 'n paar schöne Tage!“
Der Fremde grinste breit, machte das Victory-Zeichen, schulterte behend und spielerisch den fetten Hoffner und ging. Die Wohnungstür fiel laut ins Schloß.

Von diesem lauten Zuschlagen der Tür erwachte Kramer schweißgebadet. Es war stockdunkel. Von nebenan hörte er Schritte. Die Schlafzimmertür wurde geöffnet. Kramer schlotterte vor Angst. Jemand betätigte den Lichtschalter. Es war Klaus Hoffner. Noch nie war jemand so erleichtert, vom Ehemann seiner Geliebten in deren Schlafzimmer nackt vorgefunden zu werden.
„Kramer“, schrie Hoffner, „was machen Sie im Bett meiner Frau?“
Und Kramer antwortete wie aus der Pistole geschossen: „Herr Hoffner, ich bin seit anderthalb Jahren der Liebhaber Ihrer Gattin!“
Und Hoffner sah rot und regte sich bilderbuchmäßig auf. Kramer schlüpfte unterdessen fröhlich in seine Sachen und meinte beruhigend: „Lassen Sie man, Chef, hätte alles noch viel schlimmer kommen können!“
Der fette Hoffner brüllte außer sich: „Was soll denn das heißen, ‚noch schlimmer'?“
„Sie hätten zum Beispiel tot umfallen können.“
„So ein Blödsinn! Verschwinden Sie, und zwar auf der Stelle!“

Kramer kam dieser Bitte nur allzugern nach, wandte sich in der Tür noch mal um und sagte: „Noch 'n kleiner Tip, Chef! Lassen Sie Ihre Frau nie betrunken Striptease tanzen, sie fällt sonst garantiert rückwärts in die Kakteen …"
Zurück blieb ein Herr Hoffner, der sich an die Herzgegend griff …

Tagebuch eines Optimisten

Donnerstag, 10.03.

Seit Jahren wäre es das absolut Größte für mich, eine Angehörige des anderen Geschlechts mein eigen nennen zu dürfen. Das absolut Größte! Wenn ich mal für einen Moment außer acht lasse, daß ich eigentlich auch ganz gerne Vanille-Eis mit heißen Himbeeren mag. – Seit gestern weiß ich nun, daß mir in wenigen Tagen das Glück holder Zweisamkeit zuteil werden wird. Ich bin in absoluter Hochform und trainiere halbstündlich vor dem Spiegel mein verführerisches Mienenspiel.
Zugegeben: Anfangs hatte ich gewisse Zweifel. Sollte das wirklich der richtige Weg sein, sich die Frau fürs Leben zu erobern? Aber inzwischen bin ich ganz sicher: Klar, es ist nicht gerade die konventionelle Art, aber die harte Welle ist nun mal in.
Wir – das sind neun verwegene Männer – haben einen ganzen Damen-Rommé-Club gekidnappt. Es sind acht ältere Frauen, die sich nun seit gestern in unserer Gewalt befinden. Beziehungsweise in unserer Obhut! Der Clou daran ist: Die acht Frauen sind Mütter von 12 Töchtern im Alter von 19 bis 23. Alle unverheiratet!
Die Idee zu diesem großartigen Coup hatte natürlich unser Anführer Karli. Ein Typ, der niemals aufgibt. Eine der entführten Damen ist nämlich die Mutter von Karlis ehemaliger Verlobten, die sich kürzlich von ihm trennte, weil sie sich plötzlich mehr für Mitglieder ihres eigenen

Geschlechts interessiert. Das wollte sich Karli natürlich nicht bieten lassen. Mit der Mutter in der Hinterhand sitzt er jetzt wieder am längeren Hebel.
Die anderen Männer unserer verschworenen Interessengemeinschaft haben zwar angedeutet, Karli hätte mich nur hinzugezogen, weil er meinen Ford Transit zum Transport der Damen brauchte, aber ich habe gerade beschlossen, mich nicht länger irremachen zu lassen. Mir gegenüber ist Karli ganz eindeutige Verpflichtungen eingegangen: Als Gegenleistung für meine Unterstützung kriege ich einen blonden Menschen weiblichen Geschlechts von 21 Jahren, ca. 1,70 m groß, blauäugig, mit einem Gesamtlebendgewicht von etwa 52 kg. Genaue Maße und Extras müssen noch ausgehandelt werden. Garantiert ist jedoch, daß sie Vanille-Eis mit heißen Himbeeren zubereiten kann.
Natürlich bin ich schon ganz scharf darauf, ihr vorgestellt zu werden. „Hallo!" werde ich total lässig zu ihr sagen, „freut mich, daß Sie so an Ihrer Mutter hängen!" Oder so ähnlich. Vielleicht duze ich sie auch gleich.
Karli meint, die ganze Aktion wird nicht viel Zeit in Anspruch nehmen. Spätestens Ende nächster Woche sieht er uns vorm Traualtar stehen. Aber dann! Gleich danach!
Er weiß, daß ich's ein bißchen eilig habe. Bin ich doch in den letzten 10 Jahren bei der holden Weiblichkeit trotz intensiver Bemühungen über den einen oder anderen Händedruck nicht hinausgekommen. Das wird sich aber jetzt bald ändern. Ich möchte an dieser Stelle – trotz aller inneren Erregung – nicht ins Detail gehen!
Karli will morgen über Telefon bei seiner Freundin Mitteilung machen, daß wir die Geiseln haben und gleichzeitig unsere Forderungen präsentieren.

Inzwischen heißt es abwarten und bei noch so heißen Zukunftsplänen kühlen Kopf bewahren.
Eins steht jedenfalls fest: Die Mannschaft ist im Siegestaumel. Ich bin mit der ehrenvollen Aufgabe der Nachtwache betraut worden. Aber die anderen lassen im Nebenzimmer die Flaschen kreisen. Und ab und zu läßt sich Karli blicken und bringt zum Ausdruck – soweit ich das rein akustisch verstehen kann – daß er für mich mittrinke. Eine wunderbare Kameradschaft!

Samstag, 12.03.

Alles steht bestens. Wenngleich es vermutlich ein Fehler war, daß Karli nicht selbst telefoniert hat. Er hatte in letzter Minute diese wichtige Aufgabe an mich delegiert. Natürlich war ich am Telefon ein wenig ratlos, weil es nicht ganz so lief, wie von Karli erwartet. Ich verstellte meine Stimme und röhrte heiser das Codewort: „Guten Abend, gute Nacht!“ Danach fügte ich mit tiefer, wenn auch leicht stotternder Stimme hinzu: „Wir haben Ihre Mutter als Geisel!“ Daraufhin wurde einfach aufgelegt, bevor ich unsere Forderungen durchgeben konnte. Leider hatte ich nur drei Groschen eingesteckt. Nachdem ich mir von Karli neue besorgt hatte, meinte die junge Frau am anderen Ende der Leitung, ich solle gefälligst mit diesem blöden Scherz aufhören, ihre Mutter sei seit zwei Jahren tot. Gerade wollte ich sie überzeugen, daß das ein Irrtum sein müsse, als ich bemerkte, daß ich mich ein klein bißchen verwählt hatte. Als ich Karli um neue Groschen angehen mußte, verlor er ein wenig die Nerven und ich dadurch einen Zahn. Aber man muß auch Opfer bringen können …

Unter der richtigen Nummer meldete sich dann unglücklicherweise der Auftragsdienst. In meiner Verwirrung fragte ich das Telefonfräulein, ob sie blond und 21 sei und ob ihr Lebendgewicht bei 52 kg liege. Als sie mir mißtrauisch zu werden schien, sang ich das Codewort „Guten Abend, gute Nacht" in die Muschel. Der Klang meiner Stimme und die Inbrunst meines Vortrags betörten sie anscheinend. Bereitwillig gab sie mir eine andere Telefonnummer.
Als ich diese gewählt hatte, meldete sich die staatliche Irrenanstalt. Selbstverständlich ließ ich mich durch diesen nicht ganz unüblichen Scherz nicht aus der Fassung bringen und trug mein Anliegen mit großem Nachdruck vor. Erst als mich das Fräulein mit einem Herrn Professor Meckheimer verband, bemerkte ich, daß ich an der falschen Adresse war, obwohl Karli später meinte, es wäre genau die richtige Adresse für mich. Er regte sich diesmal noch mehr auf, es kostete mich aber keinen weiteren Zahn, weil ich mich mehrmals und rechtzeitig abduckte. Morgen werden wir weitersehen!

Dienstag, 22.03.

Es geht voran! Wir müssen nur etwas umdenken. Karlis Freundin ist nämlich dummerweise für zwei bis drei Wochen in Urlaub gefahren, ohne eine Adresse zu hinterlassen. Gleich nachdem Karli uns diese – zugegeben nicht gerade stimmungshebende – Neuigkeit kundtat, erklärten unsere sieben Mitstreiter, nur mal schnell um's Karree gehen zu wollen. Sie sind jetzt seit acht Tagen überfällig. Ich zermartere mir Tag und Nacht das Gehirn: Welches Karree können sie wohl gemeint haben? Wenn

es so zu verstehen ist, daß sie einmal um die Stadt laufen wollten, könnten sie frühestens morgen zurück sein.
Trotzdem ist die Stimmung bestens. Karli ist besonders gut gelaunt, lacht viel und grölt Stimmungslieder. Vielleicht trinkt er ein bißchen viel, aber das ist ja auch kein Wunder nach der Aufregung der letzten Tage.
Eine unserer Geiseln hatte nämlich 18 Stunden den Schluckauf. Alle 10 Sekunden mit schöner Regelmäßigkeit. Aber Karli gab wieder einen Beweis seiner Improvisationskunst. Wie von der Tarantel gestochen, schoß er plötzlich auf die Alte zu und unterband mit beiden Händen ihre Luftzufuhr. Fast etwas zu lange. Seitdem atmet sie wieder leiser, wenn auch leicht röchelnd.
Die allgemeine Harmonie wird ein wenig dadurch beeinträchtigt, daß eine andere unserer Geiseln der nervlichen Belastung nicht ganz gewachsen zu sein scheint. Offensichtlich fühlt sie sich in unserer Gesellschaft doch nicht so wohl, wie Karli es ihr immer wieder anrät. Sie ist ein bißchen durcheinander und singt von morgens bis abends „Macht auf die Tür, die Tor macht weit – es kommt der Herr der Herrlichkeit". Die letzte Zeile bezieht Karli immer häufiger auf sich. Dann lächelt er der blöden Gans auch noch huldvoll zu. Besonders nach dem fünfzehnten Whisky. Das wurmt mich ein wenig. Natürlich lasse ich mir nichts anmerken, sonst könnte Karli meinen, ich gönne ihm die Lobgesänge nicht!
Muß jetzt leider aufhören; Karli hat mir seit einer Woche ununterbrochen die ehrenvolle Aufgabe der Nachtwache übertragen.
Kann jetzt keinen klaren Gedanken mehr fassen, weil Karli so laut schnarcht. Aber nach dem Genuß von zwei Flaschen Whisky ist das ja auch nur zu verständlich. – Wenzeremuß! Oder so ähnlich!

Dienstag, 29.03.

Na, wenn das kein Fortschritt ist: Karli hat gestern nur eine halbe Flasche Whisky getrunken! (Mehr war allerdings auch nicht da.) Ansonsten geht es etwas schleppend voran. Aber alles Gute ist ja nie beisammen!

Karlis Verlobte ist heute aus dem Urlaub zurückgekehrt. Zum psychologisch auf den Punkt genau vorausberechneten Augenblick unseres Anrufs hatte Karli leichte Artikulationsschwierigkeiten. So durfte ich ihr telefonisch die Botschaft von Karli übermitteln. Er hatte prophezeit, sie würde zusammenbrechen. Statt dessen freute sie sich. Daraufhin brach ich zusammen. Worauf wiederum sie mich tröstete!

Als ich mich schließlich gefaßt hatte, erklärte sie mir, daß sie sich ohnehin nie mit ihrer Mutter verstanden hätte. Sie wünschte Karli weiterhin angenehme Unterhaltung. Was als ironische Anspielung darauf zu verstehen ist, daß die Mutter tatsächlich ohne Punkt und Komma quatscht. Jedenfalls solange, bis Karli ihr dieses Heftpflaster über den Mund klebte … Als ich der Tochter gegenüber dieses Pflaster erwähnte, um vielleicht doch noch einen Stimmungsumschwung aus Mitleid zu bewirken, sagte sie mir, ich solle sie anrufen, sobald wir neues Pflaster brauchten.

Ich beendete das Gespräch, so wohlerzogen wie möglich, mit einer höflichen Konversation über die allgemeine Wetterlage.

Nach etwa zwei Stunden und siebzehn Whisky – Karli ist nun mal mein Vorbild – spürte ich die innere Kraft, in unser Hauptquartier zurückkehren zu können und Karli die Nachricht zu überbringen. Karli bekam einen Tobsuchtsanfall und ich ein blaues Auge. Dazu sang die blöde

Gans ihr „Macht auf die Tür, die Tor macht weit", während die andere wieder vor sich hin schluckaufte. – Ich spreche neuerdings ganz gerne mit mir selbst und sage mir andauernd:

Ich will! Das Wort ist mächtig.
Spricht's einer leis' und still,
die Sterne holt vom Himmel,
das kleine Wort: Ich will!

Donnerstag, 31.03.

Endlich ein durch und durch positiver Aspekt: Mein Auge braucht nicht operiert zu werden. Was will man mehr!
Karli hat auch wieder eine Jahrhundertidee gehabt. Um die hartherzige Haltung seiner Verlobten zu brechen, will er die öffentliche Meinung mobilisieren. Ich hab' zwar nicht genau herausbekommen, wer für die öffentliche Meinung zuständig ist, aber es muß sich um mehrere Leute handeln.
Jedenfalls mußte ich heute nach seinem Diktat einen Brief an die städtische Zeitung schreiben. Mit der linken Hand natürlich! Karli ist schon ein schlauer Fuchs.
Wenn der Brief mit unseren Forderungen erst mal in der Zeitung steht, kann uns niemand mehr unseren Endsieg streitig machen.
Meint Karli.
Mit meiner eigenen Idee habe ich jedenfalls nicht so viel Erfolg gehabt. Hab' der blöden Gans ein Gesangbuch gekauft, in der Hoffnung, sie würde dann endlich mal ein anderes Lied singen. War ein totaler Schuß in den Ofen. Jetzt läßt sie die anderen Damen in das Buch gucken und dirigiert das Lied als mehrstimmigen Kanon. Karli fühlt

sich davon sehr geschmeichelt. Meine Beruhigungstropfen gehen jetzt schneller zur Neige.
Ich will so kurz vor unserem großen Erfolg nicht defätischistisch werden (oder wie das heißt), aber ein bißchen stört es mich schon: Dieses ständige Maske-Tragen und Stimme-Verstellen, bloß damit einen später bei einer möglichen Gegenüberstellung niemand erkennt. In meinem Fall hätte ich da eine Gesichtsoperation vorgezogen. Die Stimme zu verstellen brauche ich übrigens schon lange nicht mehr. Durch das ständige Knödeln und Fisteln klingt meine Stimme so brüchig und heiser, daß von dem ursprünglich verführerischen Wohlklang nichts übrig geblieben ist. Hoffentlich bleibt das nicht!
Morgen ist ein entscheidender Tag (Zeitungsartikel!). Ich drücke mir die Daumen – schon wegen des furchtbaren Kanons, der im Moment wieder erklingt und nur ein Gutes hat: Er übertönt den noch gräßlicheren Schluckauf. Und wenn beides aufhört, schnarcht Karli. Aber man muß das Ganze vielleicht auch einmal als Prüfung betrachten. Ob ich sie wohl bestehe ...?

Freitag, 01.04.

Hurra – unser Brief steht in vollem Wortlaut in der Zeitung – jubilierte ich im ersten Augenblick. Um dann festzustellen, daß man ihn als Aprilscherz veröffentlicht hatte. Karli hatte wohl doch so stark überzeichnet, daß man uns einfach nicht ernst nahm. Sicher wird man mit mehr Abstand später auch den komischen Aspekt unserer derzeitigen Situation belächeln. Momentan vermag ich jedoch den Humor dafür nicht ganz aufzubringen. Und Karli schon gar nicht. Er tobte vor Wut. Und ich stellte bei

Der Optimist in der Besenkammer

dieser Gelegenheit fest, daß man es sich für zwei bis drei Stunden auch in einem Besenschrank ganz gemütlich machen kann. Sicher: Allmählich wird der Krampf im rechten Bein ein wenig unangenehm. Und mit langsamem Eintritt der Dunkelheit und zunehmendem Hungergefühl beängstigt mich die Ungewißheit, wann und wie ich hier wieder rauskomme. Aber solange Karli durch die Wohnung rast und mit diesem etwas unangenehmen Unterton meinen Namen brüllt – mal ruft er meinen Vornamen, dann wieder Scheißkerl, er scheint also außer mir noch jemanden zu suchen – solange also finde ich es hier im Besenschrank geradezu paradie ......

Zwei Stunden später. Karli hat die Tür vom Besenschrank aufgemacht. Es gab ein unerfreuliches Wiedersehen. Ich wollte gerade freiwillig herauskommen, da stieß er mich mit einem – wie ich subjektiv meine – übertrieben harten Schlag gegen die Besenkammerrückwand und durch diese hindurch. Ich wurde sofort ohnmächtig.
Aber dieser kleine Zwischenfall hatte andererseits doch auch sein Gutes: Durch den Besenschrank hindurch haben wir jetzt nämlich einen direkten Notausgang zum Treppenhaus. Merke: Jedes Ding hat eben zwei Seiten! –

Sonntag, 03.04.

Um es mal ganz unverblümt zu sagen: Bei allem Optimismus läßt sich nicht völlig abstreiten, daß es besser wäre, wenn unsere Lage nicht so wäre, wie sie momentan ist. Drei Geiseln haben seit Karlis letztem Tobsuchtsanfall starke Weinkrämpfe, ohne daß ich da einen ursächlichen Zusammenhang zu konstruieren wagen würde. Eine

andere ist – sei es aus Protest, sei es durch eine Darmstörung – zur Klo-Besetzerin geworden. Und wir haben nur diese eine Toilette. Unsere musische Geisel – die blöde Gans – ist völlig durchgedreht und singt ihr Kirchenlied jetzt rückwärts. Das klingt wie eine Mixtur aus Hundejaulen und einer defekten chinesischen Schallplatte. Die Schluckauf-Schreckschraube hat einen Zahn zugelegt und rülpst jetzt in immer kürzeren Intervallen.
Keine Frage: Wir müssen uns von diesen sechs Geiseln trennen. Karli wird es in seiner genialen Art als humanitären Akt darstellen, aber es ist natürlich reiner Selbsterhaltungstrieb.

Natürlich stelle ich mir insgeheim jetzt doch langsam die Frage, welchen Sinn das ganze Unternehmen eigentlich für mich gehabt hat.
Denn uns verbleiben jetzt nur noch Karlis Schwiegermutter und eine weitere – glücklicherweise relativ problemlose – Geisel. Hoffentlich ist letztere nun aber auch die Mutter meiner 52-Kilo-Blondine. Als ich Karli ganz wie nebenbei auf dieses mein Problem ansprach, befiel ihn sofort wieder diese – wie soll ich's mal nennen – diese nervöse Unruhe, von der ich meine, daß sie ihn nicht gerade sympathischer macht. Ich versuchte, ihn mit dem Hinweis zu beschwichtigen, es sei ja nur mal so eine kleine Frage gewesen, und ob er denn keinen Scherz verstünde. Wortlos packte er mich am Kragen meines Jacketts, und zwar leider genau an der Stelle, wo er es schon mal eingerissen hat. Jedenfalls führte er mich zur Besenkammer, deutete auf unseren nagelneuen Notausgang und fragte – wieder mit diesem Unterton, den ich persönlich nur als unangenehm bezeichnen kann –, ob ich tatsächlich so ein kurzes Gedächtnis hätte. Er erleichterte mir die von ihm

erwartete Antwort, indem er mich während seiner Frage – und noch geraume Zeit danach – an meinem schönen Jackett hin- und herrüttelte, so daß es mir nicht schwer fiel, verneinend den Kopf zu schütteln.
Aber es bleibt natürlich weiterhin diese bohrende Ungewißheit wegen meiner Blondine. Ich finde das psychologisch unklug von Karli – aber vielleicht soll ja das Ganze für mich eine Überraschung werden. Das würde alles erklären.
Trotz dieses Hoffnungsschimmers fühle ich mich irgendwie niedergeschlagen und ein klein wenig depressiv – was ich Karli lieber nicht merken lassen möchte. Es wird schon alles gut werden – irgendwie …

Montag, 04.04.

Es geht wieder aufwärts. Karli setzt gerade die sechs Geiseln bei Nacht und Nebel an irgendeiner verlassenen Tankstelle aus. Um mich herum herrscht eine wunderbare Stille, wenn ich mal davon absehe, daß die Schwiegermutter ständig mit dem Stuhl hin und her schaukelt, auf dem Karli sie angebunden hat. Hoffentlich kippt sie bald um, damit endlich Ruhe ist.
Nachdem wir nur noch zwei Geiseln haben, sollte jeder von uns für eine verantwortlich zeichnen. Man hatte die Wahl zwischen der zappeligen Quasselstrippe von Schwiegermutter und einer Frau, die die täuschend ähnliche Kopie einer domestizierten Heuschrecke war. Karli hatte seinen großzügigen Tag: Wir haben gewürfelt, er gewann die Schwiegermutter und hat das ohne Anfall akzeptiert. Ich kann es noch gar nicht fassen: Die domestizierte Heuschrecke ist natürlich viel leichter zu warten.

Trotzdem hatte ich kurz mit dem Gedanken gespielt, in Karlis Abwesenheit die Wohnung ein bißchen zu verlassen – nur so für zwei, drei Tage. Hab' den Gedanken aber wieder fallen lassen. Weil Karli uns eingeschlossen hat … Und den erst kürzlich mit vereinten Kräften geschaffenen ‚Notausgang' hat er auch von außen verbarrikadiert.
Diese kleine Geste von ihm macht mich glücklich, zeigt er mir damit doch in seiner etwas verqueren Art ganz deutlich, daß er mich braucht, ja, daß er auf seine Weise an mir hängt. Das rührt mich irgendwie. Er kann so nett sein. Manchmal!
Karli hat jetzt auch eine Idee gehabt, um die entscheidende Wende herbeizuführen.
Bei den ausgesetzten Geiseln wird man eine Mitteilung an das zuständige Polizeirevier finden. Er hat sie sehr ansprechend in schön ultimativer Form gehalten. Wieder demonstrierte er das Vertrauen, das er in mich hat. Ich durfte sein – also unser – Ultimatum zu Papier bringen. Diesmal sogar als Rechtshänder. Großzügig ließ er mich sein geistiges Werk sogar mit meinem Namen unterschreiben. Ich zierte mich zwar erst ein bißchen, weil ich mich nicht mit fremden Federn schmücken wollte. Als er dann aber gleich wieder diesen eigenartigen Ausdruck in den Augen bekam, tat ich ihm den Gefallen gern und schnell. Wie selbstlos er doch manchmal sein kann! Frage mich nur langsam, wo er bleibt …

Dienstag, 05.04.

7.00 Uhr früh
Was für ein herrliches Gefühl! Zum ersten Mal seit Wochen hab' ich wieder acht Stunden geschlafen. Bin

natürlich mit schlechtem Gewissen aufgewacht, denn ich hätte ja eigentlich während Karlis Abwesenheit noch nicht mal eindösen dürfen. Da kann ich von Glück sagen, daß er bis jetzt noch nicht zurück ist. Das hätte er bestimmt in die falsche Kehle gekriegt, daß ich mich hier auf die faule Haut lege, während er sich für uns die ganze Nacht abrackert. Echt stark, wie er versucht, das Ruder herumzureißen! Aber wo er nur bleibt? Sicher will er gleich frische Brötchen mitbringen! Hm!

8.40 Uhr
Ohne nörgeln zu wollen: Die Warterei nervt mich ein bißchen. Dazu kommt diese Ungewißheit, ob die domestizierte Heuschrecke nun tatsächlich das Muttertier von meiner Blondine ist oder nicht … Ich werd' ihr mal gut getarnte Fangfragen stellen …

9. 22 Uhr
Hurra! Karli ist zwar immer noch nicht da, aber ich bin jetzt wieder zuversichtlicher. Die Heuschrecke hat eine Tochter. Und sie ist unverheiratet. Herz, was willst du mehr! Ich hätte die Heuschrecke umarmen können. Wenn doch Karli jetzt käme, damit ich einen Teil meiner Euphorie auf ihn übertragen könnte! Na, lange kann es ja nicht mehr dauern!

10. 28 Uhr
Bin völlig fertig! Habe ein Bild von der Heuschrecken-Tochter gesehen. Sie ist drüsenkrank. Man kann nur mit Mühe erkennen, wo vorn und wo hinten sein soll. – Bin total zusammengebrochen. Ein nervliches Wrack! Das Schlimmste ist: Die Heuschrecke deutet meine Tränen als Mitgefühl wegen der entstellenden Krankheit ihrer Toch-

ter. Jetzt heulen wir im Duett – wenn auch aus unterschiedlichen Motiven. Und dazu versucht sie auch noch, mich zu trösten …
Von Karli weiterhin keine Spur! Kann überhaupt nur dann weiter mit ihm zusammenarbeiten, wenn er mir einwandfrei beweist, daß er von der Erkrankung der Heuschrecken-Tochter nichts gewußt hat.
Muß zugeben: In meiner Brust keimen Zweifel an Karlis Seriosität!

10.35 Uhr
Hab' gerade eine Nachricht von Karli gefunden, die er, während ich schlief (rücksichtsvollerweise?), unter der Tür durchgeschoben haben muß. Er bombardiere die Polizei noch mit Anrufen, schreibt er bzw. hat er aus Zeitungsschnipseln zusammengeklebt. Anscheinend hat er kein Schreibgerät bei sich. Wenn ich bis 11.30 Uhr nichts anderes höre, soll ich meiner Geisel ein Ohr abschneiden. Welches, läßt er offen. Dieses Ohr soll ich dann Punkt 12.00 Uhr aus dem Fenster zur Seitenstraße rauswerfen, um damit zu unterstreichen, daß es uns ernst ist. Außerdem befiehlt er mir, seine Nachricht sofort zu verspeisen. Das letztere hab' ich in jedem Fall gleich mal getan. Ich schlucke und schlucke, aber es rutscht sehr schwer – Karli hätte wirklich kein Packpapier verwenden sollen.
Aber über eins könnte ich mich nun wirklich schwarz ärgern, nämlich über die Stelle: „Schneihde deiner Geisell ein Ohr ap!" Und „deiner" auch noch unterstrichen. Wieso denn meiner? Wie kommt er dazu, das einfach so parteiisch festzulegen? Wieso denn meiner stillen Heuschrecke und nicht seiner ewig randalierenden Schwiegermutter? Bin so durcheinander, daß ich das Ohr aus Protest beinahe mir selber abgeschnitten hätte! Muß mal

ernsthaft mit mir beraten, ob es nicht an der Zeit ist, gegen Karli in den Untergrund zu gehen. Ja! Ich werde Partisan!!! Hände weg vom Ohr der Heuschrecke!
In diesem Moment: Starkes bis energisches Klopfen an der Tür. Klingt wieder mal stark nach Tobsuchtsanfall. Vielleicht sollte ich Karli, ohne gleich den totalen Bruch zu riskieren, doch lieber auf diplomatischem Wege umstimmen???
Ich muß bei aller gegensätzlichen Position schließlich der Tatsache Rechnung tragen, daß er mir nun mal körperlich überlegen ist …
In diesem Moment ahne ich, wie groß Angst sein kann. Trotzdem werde ich jetzt die Tür mit einem selbstgebastelten Dietrich öffnen, denn Karli scheint den Schlüssel verloren zu haben. Und wenn ich ihm jetzt überhaupt nicht widerspreche, so bedeutet das nicht, daß ich feige bin, ich bin nur ein bißchen sprachlos …

Mittwoch, 06.04.

Gott sei Dank! Es war nicht Karli. Sondern die Polizei. Sieben maskierte und schwerbewaffnete Männer eines Sondereinsatzkommandos stürmten herein und verhafteten mich auf der Stelle. Hielten mich – wie das nun mal zu mir paßt – auch gleich für den alleinigen Täter. „Das gibt mindestens sieben Jährchen", meinte der Inspektor freudestrahlend.
Aber wozu manche Dinge dann doch gut sein können: Der ausgeschlagene Zahn, das blaue Auge und der Notausgang, dessen Ausmaß exakt meinen Körperumrissen entsprach, führten die Herren Polizisten auf die richtige Fährte.

Vor dem Untersuchungsrichter schäumte Karli wieder vor Wut, aber ich trat ihm furchtlos entgegen – er hatte Handschellen und ich Polizeischutz.

Und das ganze Himmelfahrtskommando hat sich für mich sogar noch gelohnt: Zwischen mir und der Heuschrecke bahnt sich was an. Notfalls will sie mich adoptieren. Tja: Irgendwie bin ich eben doch ein Glückspilz!

Der Zufall

Seit Jahren beschäftigt mich die Frage: Wie zufällig ist der Zufall? Was mich daran vor allem interessiert: Kann ich mich auf das Prinzip Zufall als einen der lebensbestimmenden Faktoren verlassen? Wenn ja, wie muß ich mich verhalten, um unter den x Zufällen, die mir zur gleichen Zeit zufallen können, genau den herauszupicken und sich voll entfalten zu lassen, der mit den Zufällen der nächsten Zeit am besten harmoniert? Darf ich dem Zufall nachhelfen?

Wenn ich mich zum Beispiel einer Frau von links nähere und selbige, kurz bevor ich sie ansprechen kann, den Kopf nach rechts wegdreht, ist das dann Zufall, das heißt, hätte ich mich von rechts nähern müssen? –
Wenn im gleichen Augenblick der Mann dieser Frau von rechts um die Ecke biegt und mir, obwohl er mich zum ersten Mal sieht, auf Anhieb ins Gesicht sagt, ich sei ein Idiot, ist das dann noch Zufall? Oder schon Menschenkenntnis? Fragen über Fragen!

Was soll ich von folgender Häufung von Zufällen halten? Aus irgendeinem Grunde fürchte ich mich vor Schiffsreisen. (Vielleicht, weil ich als Kleinkind bei laufender Spülung in eine Toilettenschüssel gerutscht bin?) Da bekomme ich nachts um 02.00 Uhr am Bahnhof Zoo, wo ich sonst immer erst eine Stunde später vorbeischwanke, von einer wildfremden Person eine Kabine für eine Kreuzfahrt auf einem Luxusliner zum halben Preis angeboten. Da ich mehr als nur angeheitert bin (das ist um diese Zeit

„Ist das Zufall? Oder schon Menschenkenntnis? Und darf ich mich auf der Toilette einschließen?“

kein Zufall, jedenfalls für mich nicht!), gehe ich sofort auf den Handel ein.
Am nächsten Morgen – gegen 16.12 Uhr – macht mich der halbe Preis leicht stutzig. Das legt sich kurz nach Reiseantritt schnell, weil ich die restlichen 50 % nachzahlen muß. Plus 10 % Säumniszuschlag. Zufall! Denn hätte der Typ, von dem ich das Ticket nächtens erstand, zufällig die Reisebestimmungen mit dem Passus: „Voller Preis als Vorkasse" durchgelesen, wäre er dieser Verpflichtung sicherlich nachgekommen, hätte also voll bezahlt, und dann wären 50 % tatsächlich die Okkasion gewesen. Na, ja!

Kaum hatte der Kapitän den Anker gehißt oder die Segel gelichtet, befiel mich als einzigen auf dem Schiff (Zufall?) eine dermaßen ungewöhnlich schwere Form von Seekrankheit, daß ich kein Essen mehr sehen mochte und mich auch während der Landausflüge bettlägerig in meiner Kabine aufhielt.
Pünktlich zum Landrover-Ausflug in Haiti war das allgemeine Unwohlsein plötzlich verflogen, und ich nahm an einem Besuch der Zitadelle „La Ferribre" teil. Bevor ich das Schiff nach zwölftägiger Reise zum ersten Mal verließ, stärkte ich mich mit einem alten Hausmittelchen: Ich verschlang heißhungrig zwei geröstete Graubrotscheiben – dick bestrichen mit frisch gepreßtem Knoblauch-Mus.

Wie es der Zufall wollte, hatte ich – ganz ohne mich sonderlich zu bemühen – einen Landrover für mich allein zur Verfügung, während sich alle anderen in überfüllten Fahrzeugen drängten.
Der eingeborene Fahrer schien stark erkältet zu sein, denn er band sich, sobald ich zugestiegen war, ein mehr-

fach gefaltetes Taschentuch über Mund und Nase – geradezu rührend bemüht, mich vor Ansteckung zu bewahren.
Dem Reiseprospekt, den wir für den Ausflug erhalten hatten, entnahm ich, daß innerhalb der Festung noch exakt 10.001 Kanonenkugeln gelagert seien. Nun gehöre ich nicht zu diesen leichtgläubigen Typen, denen irgendwelche Prospektgeier ein X für ein U vormachen können. In der Zitadelle angelangt, begann ich daher sofort mit der Überprüfung. Da ich mich mehrmals verzählte, blieb für die Besichtigung der Zitadelle selbst keine Zeit mehr. Aber ich verließ die Stätte doch mit dem triumphalen Gefühl, wieder mal einem Irrtum mehr auf die Spur gekommen zu sein: Es waren – so versuchte ich meinem neben mir hertrottenden Fahrer auf dem Weg zum Landrover klarzumachen – es waren exakt 9.999 Kanonenkugeln.
Der Fahrer schüttelte den Kopf und wollte sich ausschütten vor Lachen. Bald wurde mir auch klar, warum. Offensichtlich hatte er mein Interesse an den Kanonenkugeln mißdeutet, denn beim Landrover angekommen, wies er freudestrahlend auf ein Geschenk für mich: Zwei Kanonenkugeln. Ich brauchte bei der Hitze geraume Zeit, um durch Addition der beiden Zahlen 9.999 und 2 auf die mir bekannt vorkommende Größe von 10.001 zu kommen. Fluchend wies ich den verstörten Fahrer an, die beiden Kanonenkugeln in das Festungsgelände zurückzutragen, damit die Prospekte nicht neu gedruckt werden mußten. Die ganze Aktion hatte soviel Zeit in Anspruch genommen, daß wir den vorgesehenen Stop an dem Palace Sans Souci leider ausfallen lassen mußten. Vielmehr: Gemußt hätten. Denn wieder kam mir der Zufall zu Hilfe in Form einer lautstarken Reifenpanne. Günstigerweise direkt vor den Toren des Palastes. Zufällig!

Und nun sollte sich auf wundersame Weise Zufall an Zufall reihen. Während der Fahrer umständlich den Reifen wechselte, hätte ich mir normalerweise den Palast von innen angesehen. Dieser war aber zufällig vor etwa 50 Jahren durch ein Erdbeben zerstört worden, weshalb sich die Innenbesichtigung sozusagen von selbst erledigte. Dadurch hatte ich gewissermaßen zufällig Zeit, mir den Bildermarkt gegenüber der Kathedrale anzusehen.
Zufällig fand ich Gefallen an dem Bild einer Malerin, die jedoch meinen 100-$-Schein nicht wechseln konnte. Zufällig hatte ausgerechnet diese Malerin Streit mit allen anderen Händlern, so daß ihr niemand beim Wechseln behilflich sein wollte. Schon sah ich mich ohne das Bild weiterreisen, als sie sich entschloß, ihre kleine Tochter zum Wechseln des Scheins fortzuschicken.
Nach wenigen Minuten kam die Tochter der Malerin zurück, und ich erstarrte. Sie wurde nämlich zufällig begleitet von ihrer älteren Schwester.
Noch nie hatte ich ein vollendeteres Exemplar weiblichen Geschlechts in Augenschein nehmen dürfen.
Ich schätzte sie auf höchstens Achtzehnjahrezehnmonatedreiundzwanzigtageundfünfstunden.
Gesunde, wohlproportionierte Rundungen – noch dazu an den dafür von der Natur vorgesehenen Stellen. Die dunkle Haarpracht durch Zugabe von Honig oder Bier gezähmt. Feurige Augen, die mich mit einer gut dosierten Mischung aus Wissen und Neugier anschauten. Nicht mehr Kind und noch nicht ganz Frau. Sie erwiderte mein Lächeln, und ihre optimistisch in die Zukunft gewölbten Lippen entblößten ebenmäßige Exemplare perlweißer Zähne, wie man sie bei uns nur noch in Fernseh-Werbespots zu sehen bekommt. Ich war hin- und hergerissen. Vor allen Dingen hin!

Da mußte ich mir also nachts betrunken eine zu teure Schiffsreise andrehen lassen, auf dieser Reise rechtzeitig für den Haiti-Ausflug gesunden, das Glück haben, daß meinem Landrover direkt vor dem Palace ein Reifen platzte, ohne daß das Fahrzeug über den Abhang in die Tiefe schleuderte, eine gütige Vorsehung mußte eben diesen Palace rechtzeitig so zerstört haben, daß Zeit zur Besichtigung der Galerie verblieb, mir mußte genau das Bild jener Malerin gefallen, die kein Wechselgeld hatte, und darüber hinaus mußte diese sich noch in höchst akutem Streit mit ihrer Konkurrenz befinden – und das alles nur, damit ich dieses einzigartige Geschöpf kennenlernen durfte.
Natürlich war es mir recht, meine 85 $ Rückzahlung erst bei meinem nächsten Haiti-Besuch abzuholen. Natürlich leistete ich 100 $ Vorauszahlung für irgendein anderes Bild, das demnächst für mich gemalt werden sollte. Und natürlich hatte ich nichts dagegen einzuwenden, meinen Sonnenhut, mein Amulett und meinen Fotoapparat als Zeichen der Gastfreundschaft den Besitzer wechseln zu lassen. Legte doch das himmlische Geschöpf seine göttlichen Arme um meinen schäbigen Hals und drückte mir einen Kuß auf meine Wangen, auf jede einen halben.
Danach stieg ich wie in Trance mit dem Geschöpf in die Hochzeitskutsche, sprich, den Landrover.

Als wir in meiner Kabine ankamen, versteckte sich das Geschöpf bis zum Ablegen instinktiv in meinem Wandschrank, mit einer Selbstverständlichkeit, die einem Naturinstinkt zu entspringen schien. Ich war gerührt.
Etwa jede halbe Stunde stieß sie kleine Schreie des Entzückens aus, immer dann, wenn sie meine Armbanduhr, mein Zigaretten-Etui, meine Schlips-Nadel oder auch

andere Kleinigkeiten entdeckt hatte, die ihr Gefallen fanden. Und da ich ihr nichts – aber auch gar nichts – abschlagen konnte, war der Seligkeit kein Ende.
Am nächsten Morgen legten wir wiederum auf Haiti an, dieses Mal in Port-au-Prince. Und als ich – wonnetrunken aus dem Frühstücksraum zurückkehrend – meiner zukünftigen Frau ein Tablett erlesener Köstlichkeiten servieren wollte, fand ich zu meiner grenzenlosen Enttäuschung nur noch einen leeren Wandschrank vor. Wahrscheinlich hatte ein Anfall von Heimweh sie mir aus dem Wandschrank bzw. von der Seite gerissen.
Der Rest der Schiffsreise verlief für mich recht deprimierend. Irgendwie konnte ich mein Bargeld, meine Schecks und meine Scheckkarte nicht mehr finden, so daß die mir völlig unerklärlichen, kostspieligen und leider regelmäßig notwendig werdenden Arztbesuche besonders ärgerlich waren.

Trotzdem! Während ich hier wieder daheim sitze und diese Zeilen zu Papier bringe, beschleicht mich schon wieder das Gefühl, womöglich etwas zu verpassen. Mit dem Entschluß, mich jetzt hier allein in meinem kleinen 1-Zimmer-Appartement aufzuhalten, habe ich den Zufall gewissermaßen manipuliert. Vielleicht würde ich gerade jetzt in Don Pedros Diskothek den Traum meines Lebens finden! Ich kann einfach nicht glauben, daß es gerade mir zufällig vorherbestimmt ist, ewig allein leben zu müssen. Wie sagte meine Großmutter immer so schön: „Zu jedem Topf paßt irgendein Deckel!" Vielleicht sitzt bei Don Pedro jetzt gerade mein Topf ... Vielleicht zahlt das Töpfchen jetzt gerade enttäuscht ... Und schickt sich an zu gehen ... Um Gottes Willen ...!

Am nächsten Morgen.
Bei Don Pedro war kein Topf. Ich gab dem Zufall eine Chance. Wartete whiskytrinkenderweise. Nach etwa einer Stunde öffnete sich die Tür. Herein schwankte der Stiefbruder von Don Pedro. Er nennt sich Donna Petra. Ich gefiel ihm. Er nahm sich mit zu mir nach Hause. Er ist stärker. Gerade muß ich ihm Frühstück machen. Morgen will er mich operieren lassen. In meinem Innersten keimt zarter Zweifel: Muß ich diesem Zufall gehorchen? Oder darf ich mich auf der Toilette einschließen?

Von Haus zu Haus

Der folgende Briefwechsel zwischen den Familien Retzenbroich und Küntzelthal erstreckte sich über mehrere Monate.

Sehr geehrte Frau Retzenbroich!
Für den Fall, daß Sie diesen Brief geöffnet haben, ohne den Absender bewußt zu registrieren, gestatten Sie mir, mich Ihnen vorzustellen. Mein Name ist Katrin-Luise Küntzelthal, und ich bin seit Januar letzten Jahres – selbstverständlich zusammen mit meinem Mann – Besitzerin des Grundstücks Wilhelmsaue 39, das an der Südwestseite an Ihres angrenzt.
Sicherlich werden Sie sich wundern, von mir Post zu erhalten; ich habe mich – nach reiflicher Überlegung – entschlossen, Ihnen auf diesem Wege eine Bitte vorzutragen. Kurz nachdem wir die Wilhelmsaue 39 bezogen haben, ist auf Ihrem Grundstück direkt an der Grenze zu dem unsrigen ein Abfallhaufen installiert worden. Da unser Haus ungünstigerweise sehr nah an der Grundstücksgrenze liegt, habe ich seitdem sowohl von den Panoramafenstern unseres living-rooms als auch von der Balkonterrasse ständig den Blick auf die Abfälle Ihres Anwesens. Ich nehme an, daß Ihr Gärtner, ohne mit Ihnen Rücksprache gehalten zu haben, diesen Platz ausgewählt hat und bitte Sie, ihn anzuweisen, eine Verlegung vorzunehmen.
Wir leben hier, sehr geehrte Frau Retzenbroich, in einer wunderschönen, abgelegenen Gegend, und ich sage

Ihnen gewiß nichts Neues, wenn ich abschließend anmerke, daß kultivierte Menschen vor allen Dingen auch „Augenmenschen" sind, daß also meine Lebensqualität sehr negativ beeinflußt wird von dem, was Sie bzw. Ihr Gärtner mir als Anblick zumuten.
Ich trage diese Bitte ohne Wissen meines Mannes, aber doch gerade ihm zuliebe, an Sie heran, zumal ärztlicherseits die dringende Empfehlung ausgesprochen wurde, meinem Gatten Aufregungen jeglicher Art zu ersparen.
In der Hoffnung auf Ihr Verständnis verbleibe ich mit freundlichen Grüßen – von Haus zu Haus –

Ihre K.-L. Küntzelthal

Sehr geehrte Frau Küntzelthal!
Ich bestätige den Eingang Ihres Briefes. Gestatten Sie mir, Ihnen auch im Namen meiner Frau zu antworten.

1. Wir waren absolut nicht überrascht, von Ihnen Post zu erhalten. Da Sie schon seit Januar letzten Jahres – was Sie ungeschickterweise auch noch erwähnen – neben uns wohnen, hätten wir ein paar Zeilen, mit denen Sie sich bekanntmachen, spätestens im Februar letzten Jahres erwartet. So eine kleine Geste ist durchaus nicht unüblich – unter kultivierten Menschen. (Daß Sie sich zu diesem Kreis rechnen, ist eine wundervolle – wenn auch sicher unfreiwillige – Pointe Ihres Schreibens.)
2. Unsere Angestellten – also auch unser Gärtner – pflegen nicht ohne unsere ausdrückliche Zustimmung zu arbeiten, es sei denn, jemand möchte seine Kündigung provozieren.
3. Es ist nicht unsere Schuld, daß Ihr Haus auf dem Grundstück Wilhelmsaue 39 so ungünstig plaziert

wurde. Sie können mit Gewißheit davon ausgehen, daß auch wir über jeden Meter, den Sie weiter entfernt wohnen würden, glücklich wären.

4. Kultivierte Menschen sind nicht nur Augenmenschen, sondern auch Ohrenmenschen. Für den Fall, daß dieser zarte Hinweis nicht genügt: Die diversen Rasensprenger, die Sie auf Ihrem Grundstück einzusetzen belieben, sind eine ständige akustische Belästigung.

In der Hoffnung auf Ihr Verständnis verbleibe ich mit freundlichen Grüßen – von Haus zu Haus –

Ihr K. F. Retzenbroich

Geehrter Herr Retzenbroich!

Meine Frau konnte nicht umhin, mir Ihr doch recht unhöfliches Schreiben zur Kenntnis zu bringen.

Gestatten Sie mir, Ihrem Beispiel folgend – gleichfalls im Namen meiner Frau zu antworten.

1. Der Tenor Ihres Briefes veranlaßt mich zu einer Entschuldigung. Es tut uns leid, Sie als kultivierte Menschen eingestuft zu haben.
2. Ihr Versuch, den gigantischen Abfallhaufen gegen unsere modernen Rasensprengeranlagen aufzurechnen, wirkt konstruiert und kindisch.
3. Da wir von Ihren übersensibilisierten Hörgewohnheiten erst durch Ihren Brief in Kenntnis gesetzt wurden, müssen wir Ihnen zu unserem Bedauern mitteilen, daß wir vergangene Woche – auf Anraten unseres Gärtners – einen motorisierten Rasenmäher geordert haben, gegen dessen Arbeitsgeräusche sich das Tack-Tack-Tack der Sprenger wie Musik anhören wird. Ich bin sicher, daß Sie sich dieser Meinung vorbehaltlos an-

„Kultivierte Menschen sind auch Ohrenmenschen.
Mit freundlichen Grüßen von Haus zu Haus
Ihr K. F. Retzenbroich"

schließen werden, wenn Sie ab morgen in den Stand versetzt werden, beide Geräusche täglich abwechselnd miteinander zu vergleichen.

4. Falls Sie bereit sein sollten, Ihren Abfallhaufen verlegen zu lassen, würden wir entgegenkommenderweise in Erwägung ziehen, die Bestellung des Rasenmähers rückgäng zu machen.

Mit zugegebenermaßen wenig Hoffnung auf Ihr Verständnis verbleibe ich mit immer noch freundlichen Grüßen – von Haus zu Haus –

Ihr F. K. Küntzelthal

Geehrter Herr Küntzelthal!

1. Ich darf Übereinstimmung in einem Punkte feststellen: Die Geräusche der Maschine, die Sie als Rasenmäher zu bezeichnen belieben, übertönen in der Tat die von Ihnen eingesetzten Sprenger. Vielen Dank!
2. Erst vorgestern erfuhr ich rein zufällig, daß Sie Vorsitzender des Vereins zur Eindämmung degenerierten Kulturgutes (oder so ähnlich) sind.
3. Um so mehr bedaure ich, daß ich die Bestellung einer Monumental-Plastik nicht mehr rückgängig machen kann. Sie wird dort aufgestellt, wo wir von unserem Haus aus die Ausläufer des Komposthaufens (den Sie unwissenderweise als Abfall titulieren) erahnen können. Die Plastik zeigt ein kopulierendes Paar in einer gewagten Pose.
4. Ich darf Ihnen versichern, daß die Ähnlichkeit des weiblichen Parts (kolossale Leibesfülle) mit Ihrer Frau Gemahlin auf reinem Zufall beruht.

„Wir haben die Ausbildungspatenschaft für einen hoffnungsvollen Schlagzeuger übernommen.
Mit überaus freundlichen Grüßen

Ihr F. K. Küntzelthal

In der Hoffnung, daß Ihre Toleranz und Ihr Kunstverständnis über Ihren sexuellen Puritanismus siegen mögen, verbleibe ich mit besonders freundlichen Grüßen
– von Haus zu Haus –

Ihr K. F. Retzenbroich

Herr Retzenbroich!

1. Ich bedanke mich für die Aufstellung des Kunstwerks. Meine hochgespannte Erwartung wurde bei der Enthüllung bei weitem übertroffen: Der Künstler hat im Antlitz des männlichen Parts eine relativ typische Momentaufnahme Ihres Mienenspiels – dieses dümmlich-arrogante Grinsen – wunderbar getroffen und festgehalten. Gratuliere! Vor allem für Ihre Zivilcourage! Denn Ihre vis ist ja nicht unbedingt das, was man in unseren Breitengraden als fotogen bezeichnen würde. Gestatten Sie mir in diesem Zusammenhang eine Frage: Wurden Sie so geboren, oder hatten Sie mal einen schweren Unfall?
2. Auch wir haben uns entschlossen, der Kunst unseren Obolus zu entrichten. Wir haben die Ausbildungspatenschaft für einen angehenden Musiker übernommen. Es handelt sich um den Cousin unseres Gärtners – einen hoffnungsvollen Schlagzeuger.
3. Da Sie so großzügig waren, uns die unentgeltliche Augenweide an Ihrer Plastik zuteil werden zu lassen, möchten wir uns freundlichst revanchieren. Der junge Mann wird ab morgen täglich auf unserem Grundstück üben. Die Lautsprecherboxen wurden von uns selbstlos so postiert, daß vorrangig Sie in den Genuß seiner Darbietungen kommen werden.

4. Falls Sie in der polizeilich geregelten mittäglichen Ruhepause die Klänge des Schlagzeugs vermissen sollten, zögern Sie nicht, es mich umgehend wissen zu lassen.

Mit überaus freundlichen Grüßen – von Haus zu Haus – bin ich

Ihr F. K. Küntzelthal

PS: Übrigens nennt der Künstler sein Werk: „Staccato. Sonate für Rasenmäher und Schlagzeug". Was für ein Zufall! Angenehmen Ohrenschmaus!

Herr Küntzelthal!

1. Wie Ihnen unschwer entgangen sein dürfte, ist Ihr hoffnungsvoller Nachwuchsmusiker nach einwöchiger intensiver Probentätigkeit heute morgen nicht mehr erschienen. Der Grund liegt in folgendem: Von mir befragt, vertraute er mir an, zu welchem Hungerlohn er seine Studien auf Ihrem Grundstück absolvieren mußte. Wie kann man einen Menschen dermaßen unterhalb des Existenzminimums abfinden, nur weil er in Wirklichkeit gar kein angehender Musiker, sondern ein arbeitsloser Müllkutscher ist …
   Ich habe mir jedenfalls erlaubt, ihm ein Angebot zu machen, welches er nicht ausschlagen konnte …
2. Meine Frau und ich sind außerordentlich kinderlieb. Aus diesem Grunde – und nur aus diesem – haben wir einen Teil unseres Grundstücks (Sie dürfen gerne raten, welchen) für sechs Wochen der Sozialfürsorge verpachtet (selbstverständlich unentgeltlich).
3. Während dieser sechs Wochen wird ein Kinderspielplatz mit Zeltlager für die lieben Kleinen eingerichtet.

Er wird Platz für etwa 200 Kinder bieten, ausschließlich schwer erziehbare, für die in unserer Gesellschaft ja wirklich viel zu wenig getan wird. Wir hoffen auf Ihr pädagogisches Verständnis, wenn diese vernachlässigten Kreaturen vielleicht ab und zu für ein paar Stunden mit Löffeln und Schöpfkellen auf alte ausrangierte Töpfe schlagen sollten.

4. Wir melden uns unmittelbar nach unserem Urlaub wieder und möchten schon heute unser tief empfundenes Mitgefühl dafür zum Ausdruck bringen, daß Ihnen ein Urlaub aus Gründen Ihrer offensichtlich angegriffenen Gesundheit versagt ist.

Mit freundlichen Grüßen – von Haus zu Haus –

Ihr K. F. Retzenbroich

Herr Retzenbroich!

Da mein Mann nach schwerer Krankheit seit letzter Woche rechtsseitig gelähmt ist, schreibe ich Ihnen diese Zeilen in seinem Auftrag.

Sie werden diesen Brief bei Ihrer Rückkehr aus dem Urlaub vorfinden.

1. Wie Sie an der zerstörten Rasenfläche und den niedergetrampelten Blumenbeeten leicht erkennen können, ist es uns während Ihrer Abwesenheit gelungen, durch Vorlage eines ärztlichen Attests bei der Sozialfürsorge eine Verlegung der Kinderfreizeitanlage auf einen von Ihnen wohl ursprünglich nicht vorgesehenen Teil Ihres Grundstücks zu vereinbaren.
2. Wir verstehen und teilen Ihre Zuneigung zu Kindern aus vollem Herzen. Deshalb hoffen wir, in Ihrem Sinne gehandelt zu haben, wenn wir – um den lieben Klei-

nen etwas Abwechslung zu verschaffen – einen Preis aussetzten für den Wettbewerb: „Wer buddelt am tiefsten?" Daraus erklären sich übrigens die vielen Krater auf Ihrem Grundstück.

3. Wir können uns vorstellen, daß Sie aufgrund der Zeitverschiebung todmüde aus Ihrem Hawaii-Urlaub zurückkehren. Um so unangenehmer ist uns der folgende uns unterlaufene Terminierungsirrtum: Am Tag Ihrer Rückkehr und ungünstigerweise unmittelbar nach Ihrer Ankunft in der Wilhelmsaue – also gerade jetzt, während Sie diese Zeilen lesen – beginnt auf Einladung meines Mannes ein Turnier im Tontaubenschießen. Zu Ihrer Beruhigung können wir Ihnen aber mitteilen: Es dauert nur drei Tage und ist polizeilich genehmigt!

Wir rufen Ihnen ein herzliches „Willkommen in der Heimat" zu! Und: Schlafen Sie sich erst mal tüchtig aus!!!
Mit freundlichen Grüßen – von Haus zu Haus –

Ihre K.-L. Küntzelthal

Frau Küntzelthal!
Da mein Mann kurz nach Beendigung Ihres Turniers in ein Sanatorium eingeliefert wurde (ohne daß er da auch nur im geringsten einen kausalen Zusammenhang konstruiert sehen möchte), schreibe ich Ihnen in seinem Auftrag.

1. Unser Gärtner wies uns darauf hin, daß unser Komposthaufen in der nächsten Woche einer Sonderbehandlung unterzogen werden muß.
   Diese sieht folgendermaßen aus: Der gesamte Komposthaufen wird mit einer 90 cm dicken Schicht aus Schweinedung überzogen. Damit die Fermente dieses

Dungs ihre volle Wirkung entfalten können, muß der Haufen für etwa ein bis zwei Wochen möglichst gleichmäßig belüftet werden.
Zu diesem Zweck werden zwei Windmaschinen aufgestellt. Da die Belüftung aus einem Neigungswinkel erfolgen muß, den wir von der direkten Grundstücksgrenze nicht erreichen können, werden diese Windmaschinen von Ihnen aus gesehen hinter dem Komposthaufen positioniert.

2. Zu Ihrer Beruhigung können wir Ihnen mitteilen, daß die Windmaschinen im Vergleich zu ihrer Kapazität verhältnismäßig geräuscharm arbeiten.
Allerdings werden Sie eventuell eine leider nicht vermeidbare Geruchsbelästigung konstatieren. Sie wird sich durch den einsetzenden Verwesungsprozeß täglich leicht verstärken, wobei sich auch das Insektenaufkommen zahlenmäßig steigern dürfte.
Wir hoffen, daß Sie ebenso tier- wie kinderlieb sind, da Grund zu der Annahme besteht, daß die Insekten durch die Richtung der Windmaschinen auf Ihr Grundstück abgetrieben werden.
3. Um eventuellen Einwänden gleich den Gegenwind aus den Segeln zu nehmen: Das oben beschriebene Verfahren ist vom Gartenfachverband ausdrücklich als „umweltfreundlich" eingestuft worden und bedarf demzufolge sehr im Unterschied zu Ihrem Tontaubenschießturnier keiner behördlichen Genehmigung.

Für die nächsten 14 Tage wünsche ich Ihnen alles Gute – von Haus zu Haus –, genießen Sie die Landluft, die wir Ihnen gratis hinüberwedeln.

Ihre Eva Retzenbroich

PS: Soeben erhalte ich vom Sanatorium die Nachricht, daß mein Mann an den Folgen einer Herzattacke verstorben ist. Da die obigen Zeilen sozusagen seinen letzten Willen darstellen, ändert sich an dem dargelegten Projekt nichts.
Darüberhinaus: Wie Sie zweifellos verstehen werden, fühle ich mich gerade in dieser schweren Stunde dem Vermächtnis meines Mannes zutiefst verbunden. Ich bitte Sie daher, zur Kenntnis zu nehmen, daß der seit Monaten eingeschlagene Weg im Sinne meines Mannes zu Ende geführt wird. Teilen Sie also bitte Ihrem Mann, sobald es sein Gesundheitszustand erlaubt, schonend mit, daß ich in den nächsten Tagen an der Grundstücksgrenze fünf weitere Komposthaufen anlegen lassen werde.

Ihre E. R.

Sehr geehrte Frau Retzenbroich!
Tief bewegt teile ich Ihnen das Ableben meines Mannes mit. Ich hoffe, Sie legen es mir nicht als Schwäche aus, wenn ich sofort sämtliche Sprenger abstelle und einseitig einen sofortigen Stop der Rasenmäher-Einsätze verfüge. – Ich hoffe, daß Sie sich moralisch verpflichtet fühlen, Ihre Windmaschinen abzustellen und auf die geplante Stationierung neuer Komposthaufen zu verzichten.
Mit – Sie werden es kaum glauben – wirklich aufrichtigem Mitgefühl zum Ableben Ihres Mannes grüße ich Sie
– von Haus zu Haus –

Ihre K.-L. Küntzelthal

Zehn Tage nach Beendigung dieses Briefwechsels trafen sich Frau Eva Retzenbroich und Frau Katrin-Luise Küntzelthal zu einer vertrauensvollen Aussprache von Frau zu Frau und feierten anschließend, zusammen mit den ihnen eng verbundenen „Gärtnern", in San Bartolomeo – Guatemala – den perfekten Doppelmord.

Heribert N.

Heribert Nasselfoicht besah sich gerade ziemlich wohlgefällig im Spiegel, als sein Gehirn über alkoholgeschwängerte Querverbindungen in letzter Minute die Nachricht erreichte, daß es mal wieder an der Zeit wäre, die Blase zu leeren.
Während er sein Kapital – so nannte er sein Gesicht, denn er war Schauspieler – während er dieses also sorgfältig mit Après-Soleil-Lotion behandelte, überlegte er, ob er seinen Beinen den Weg zum Badezimmer zumuten sollte, oder ob es nicht vielleicht doch bequemer wäre, dem vor ihm befindlichen Waschbecken die Ehre zu erweisen.
Gerade hatte er sich total lässig für den praktischeren Weg entschieden – weil dies eben praktisch keinen Weg bedeutete – als das Telefon klingelte. Automatisch machte Heribert Nasselfoicht einen Schritt Richtung Telefon, wobei er vergaß, warum er momentan so dicht am Waschbecken stand. Durch eine reflexhafte Seitwärtsverlagerung seines Körpers nahm er jedoch sofort geschickt eine Kurskorrektur vor und bediente jetzt wieder die ursprüngliche Zielrichtung.
Zufrieden grinsend rülpste er in Richtung Spiegel. Nach dem Genuß von 8 Flaschen Bier und mindestens 7 Marcs de Champagne fand er an seiner Reaktionsfähigkeit nichts auszusetzen. Nur, daß ihm für den Bruchteil einer Sekunde sein vor fünf Tagen gefaßter Beschluß, nicht mehr ans Telefon zu gehen, vorübergehend entfallen war, nahm er sich ein bißchen übel. Unmöglich! Das war wirklich absolut unmöglich für einen durchtrainierten Alkoholiker!

Vor etwa sieben Tagen war Heribert Nasselfoicht nach einer seiner nächtlichen Spritztouren vormittags gegen halb elf stark alkoholisiert durch den Garten heimwärts gekrochen, um – endlich an der Haustür angelangt – feststellen zu müssen, daß seine Frau das Türschloß hatte austauschen lassen.
Nachdem er mit für seinen Zustand bewundernswerter Ausdauer geklingelt und geklopft hatte, öffnete seine Frau ein Fenster, und ein Kübel Nasses ergoß sich über ihn. Trotz seines reduzierten Wahrnehmungsvermögens war sich Heribert in dem Moment, wo sein Körper mit dem Inhalt des Kübels in Berührung kam, sicher, daß dieses Naß irgendwie nicht nach Leitungswasser roch. Was er als nächstes realisierte, war das freundliche Angebot seiner Frau, das Gebiß des an diesem Morgen frisch angeschafften Wachhundes an einem bestimmten Körperteil Heriberts ausprobieren zu lassen …
Aus der Tatsache, daß er daraufhin keine Scheibe einschlug, um das Haus durch einen so geschaffenen Noteinstieg zu betreten, aus dieser Tatsache glaubte Heribert Nasselfoicht die Sprachregelung ableiten zu können, daß er – wohlgemerkt: Er! – sich von seiner Frau getrennt habe. Und nicht etwa umgekehrt!
Jedenfalls: Nachdem ein von seiner Frau per Luftfracht expedierter Koffer, dem Gesetz der Erdanziehungskraft folgend, vom Fenster aus direkt auf die Zehen seines linken Fußes geprallt war, begann ihm andeutungsweise zu dämmern, in welcher Richtung die Summe dieser Gesten zu verstehen war.
Soweit er sich erinnerte, hatte er wenig später mit diesem Koffer einen Aufsehen erregenden Auftritt in der Praxis seines Arztes gehabt, wo er sich mit starken Schlaf- und Beruhigungsmitteln versorgte. Das gelang ihm durch die

Der Staatsschauspieler Heribert Nasselfoicht vor seinem bescheidenen Anwesen

lautstarke Androhung, bei Nichterfüllung seiner Wünsche den Patienten im Wartezimmer mal kurz zu demonstrieren, wie man es durchaus befriedigend mit einem Rattansessel treiben könne.

Danach war der Staatsschauspieler Nasselfoicht zu seinem zweiten Wohnsitz aufgebrochen. Aber dieser Zweitwohnsitz war eben nicht irgend so eine billige Ferienklitsche auf Ibiza, kein kostengünstiges Abschreibungsobjekt auf Mallorca, auch kein überbezahltes Mini-Appartement für schwindsüchtige Zwerge auf Sylt. Heribert Nasselfoicht residierte als Schloßherr auf der Ile des Ajoncs, einer Insel vor der Côte de Granit rose in der Bretagne. Und genau dort auf dem Château de Costaérès läutete jetzt das Telefon …

Heribert stand inzwischen im Panorama-Saal, füllte die Gläser erneut und blickte dann mit so viel Begeisterung, wie er in seinem alkoholisierten Zustand noch aufbringen konnte, auf das unendliche Meer hinaus.
Ein wirklich schöner Tag lag hinter ihm, wenn man mal davon absah, daß er die Steintreppe heruntergefallen und in einem Ginsterbusch gelandet war, wo ihn eine Hummel gestochen hatte.
Es war früher Abend, und obwohl die Sonne noch immer keinen Zweifel daran ließ, warum es draußen eigentlich hell war, hatte Heribert Nasselfoicht schon lange die Stunde des sun-downers eingeläutet und sämtliche im Schloß verfügbaren Kerzen auf allen Etagen angezündet. Sowohl unten im Rittersaal als auch im Roulette-Zimmer, im Panorama-Saal und ganz oben im Schlafgemach.
Zufrieden registrierte er, wie l' heure de la marée haute, die Stunde der höchsten Flut nahte und die Insel sturm-

und wellenumtost von niemandem erreichbar war. Die Wellen rollten von weit her gegen die Insel an und warfen sich mit Urgewalt in die Nischen der im Sonnenlicht rosa schimmernden Granitfelsen; der Wind pfiff und jaulte seine Melodie dazu, und die Wellen schienen aufzustöhnen, wenn sie ihre Gischt orgasmusgleich über die Felsen spieen. So genau so liebte Heribert diese Insel – umtost von den Naturelementen, eine uneinnehmbare Festung.

Und das Telefon läutete weiter! Heribert genoß es. Seit fünf Tagen versuchten ununterbrochen alle möglichen Leute ihn zu erreichen, aber er hob den Hörer nicht einen Zentimeter von der Gabel. Donnerstag letzter Woche hatte er kurz seinen Arzt telefonisch belästigt und diesem mit alkoholgeschwängerter Zunge – wiewohl nüchtern, wozu war man schließlich Schauspieler – mitgeteilt, wo er sich aufhielt. Geschickt hatte er eingeflochten, wie unendlich einsam und verlassen er sich fühle und eine kleine Kostprobe dessen gegeben, was er für eine große Depression hielt.
Mit der Frage, wie er das Schlafmittel dosieren solle und einem perfekt simulierten Weinkrampf hatte er das Gespräch beendet.
Der Arzt hatte garantiert nichts Eiligeres zu tun gehabt, als äußerst besorgt Heriberts Frau anzurufen. Danach war es nur noch eine Frage von Stunden, bis sein Intendant, die lieben Kollegen, der Fernsehproduzent, der Steuerberater, der Bankier, die Journaille und sogar seine Geliebte über den selbstmordgefährdeten Gemütszustand des Staatsschaupielers Heribert Nasselfoicht Bescheid wußten.

Das Telefon klingelte …
Heribert lächelte genüßlich. Wer ließ sich dieses Mal minutenlang das Ohr volltuten? Am besten gefiel ihm die Vorstellung, daß es seine hysterische Alte wäre. Sie war auch Schauspielerin, nannte sich Tatjana Godunow, hatte ihm jedoch unvorsichtigerweise, als sie sich kennenlernten, anvertraut, daß sie mit bürgerlichem Namen eigentlich (Heribert konnte sich noch heute kringeln vor Lachen …) Lisa Suppenstrahl hieß. Seither nannte er sie Elise Bouillonfontaine, was sie auch sofort als solche reagieren ließ!
Das Gespräch mit ihr – oder vielmehr ihren hochdramatischen Monolog – konnte er sich genau vorstellen: „Wenn du tot rumliegst, wie stehe ich dann da!? Hinterlaß wenigstens 'n Abschiedsbrief, aus dem ganz klar hervorgeht, daß ich nicht der Aufhänger dafür bin, daß du da irgendwo rumbaumelst … Überhaupt: Das kannst du doch nicht machen! Ohne mir vorher gesagt zu haben, wo der Schlüssel zu unserem Safe liegt …
Außerdem wolltest du dafür sorgen, daß ich in dem neuen Fernsehspiel neben dir die weibliche Hauptrolle kriege. Warte also wenigstens, bis ich den Vertrag unterschrieben habe. Du hast doch selbst immer gesagt, aufs richtige Timing kommt es an! – So eilig kannst du's doch nicht haben! Schließlich hast du doch danach noch 'ne Ewigkeit Zeit … Und wenn du überhaupt jemals was für mich empfunden hast, dann schreib wenigstens 'n hübsch sentimentalen Abschiedsbrief an deine Fans, verbunden mit der Bitte, daß deine liebe Frau ihn im Fernsehen verliest. Aber bau ihn gefälligst so vielseitig, daß ich auch alles reinlegen kann, was mein Talent ausmacht …"
Heribert Nasselfoicht mobilisierte die örtlichen Reserven, indem er die letzten Tropfen aus der Marc-Flasche schüt-

telte. Das Telefon läutete mit der diesen Geräten eigenen, dämlichen Eintönigkeit weiter vor sich hin. Vielleicht war es ja auch sein Produzent …
„Ja, schönen guten Tag, lieber Herr Nasselfoicht! Ja, wie ich höre, haben Sie da momentan – wie soll ich mal sagen? – gewisse persönliche Pläne, die meinen geschäftlichen Interessen zuwiderlaufen … Aber, lieber Heribert, Sie wissen doch, ich bin immer für Sie da … Wir können doch über alles reden … Ich darf Sie nur ganz am Rande daran erinnern, daß wir von Ihrer 12-teiligen Fernsehserie völlig unchronologisch – also, Sie wissen ja selbst: Aus jeder Folge knapp die Hälfte … Überhaupt nicht sendbar! Und wenn Sie jetzt tatsächlich … ähhh … – wie soll ich's mal ausdrücken? – einen Schlußstrich ziehen sollten – also, das würde mich den Kopf kosten! Ich meine, das kann Sie ganz schön teuer zu stehen kommen – ähh, Entschuldigung, das war jetzt 'n Denkfehler von mir! – Aber trotzdem: Denken Sie mal an die negativen Schlagzeilen, danach sind Sie doch für die Branche gestorben … Pardon, ich bin wirklich 'n bißchen durcheinander, aber ich will mal so sagen: Es kann doch auch Ihnen nicht egal sein, daß … selbst wenn es Sie nicht mehr gibt, es Sie für die Branche überhaupt nicht mehr gäbe, selbst wenn es Sie noch geben würde! Das klingt jetzt vielleicht 'n bißchen konstruiert! Aber – verstehen Sie doch bitte – wenn Sie jetzt sagen würden – ich muß zur Kur, oder ich brauche erst mal Urlaub – o.k.! Aber das, was Sie da vorhaben, hat so was Definitives! Und das stört mich ein wenig … "

Heribert Nasselfoicht griff nach der nächsten Flasche Bier, stolperte dabei über einen antiken Hocker, riß im Fallen die Stehlampe vom Sockel, knallte beim Aufstehen mit dem Kopf gegen die Fensterbank und grinste trotzdem bei dem Gedanken, es könne am anderen Ende der Leitung sehnsüchtig der Filialleiter seiner Bank auf eine Verbindung hoffen …

„Guten Abend, Herr Nasselfoicht – ich hoffe, ich störe Sie nicht zu spät! Hier Schurmann. Ich hoffe, es geht Ihnen gut! –

Ich habe die Telefonnummer von ihrer werten Frau Gemahlin erhalten – übrigens, ganz liebe Grüße natürlich – und … tja, Sie können sich ja vielleicht denken, worin der Grund meines Anrufs besteht …

Es geht um Ihren Anteil an diesem Bauherren-Modell in Kassel. Sie waren seinerzeit so freundlich, unser Bankinstitut mit Ihrem Vertrauen, die Finanzierungsfrage betreffend, zu beehren. Ich hatte damals – genau gesagt am 16. letzten Monats – die Bereitstellung der vollen Kreditsumme ohne Ihre werte Unterschrift veranlaßt, weil Sie – wie Sie sich gewiß erinnern werden – zu Dreharbeiten im Ausland weilten – übrigens nachträglich noch toi, toi, toi! – Im Vertrauen gesagt – und bitte verstehen Sie das nicht falsch – habe ich diesen Vorgang damals ohne Rücksprache mit unserem Vorstand über die Bühne gezogen – bitte entschuldigen Sie diesen etwas saloppen Ausdruck –, zumal Sie mir damals freundlicherweise zusagten, die Unterschrift innerhalb der nächsten sieben Tage nachzureichen, wofür ich mich – da ich ja Ihren gedrängten Terminkalender kenne – noch nachträglich herzlich bedanken möchte.

Nun sind – wenn ich das mal so offen sagen darf – inzwischen doch fast drei Wochen vergangen, sicherlich hege ich nicht den geringsten Zweifel daran, daß eine zu starke berufliche Inanspruchnahme Sie bisher daran gehindert hat, diese kleine Formalität nachzuholen, aber

gerade bei unserer langjährigen, gedeihlichen Geschäftsbeziehung möchte ich natürlich vermeiden, daß bei der anstehenden Quartalsabrechnung in meiner Filiale ein Soll in dieser Größenordnung an unseren Vorstand gemeldet werden muß.
Also, um es ohne Umschweife zu sagen: Soweit mir in den letzten Tagen Ihre persönlichen – tja, wie soll ich das nennen – Ihre persönlichen Pläne bekannt geworden sind, also ... wenn Sie nicht vorher den Kreditantrag mit Ihrer werten Unterschrift versehen ... bin ich in meiner Branche ein toter Mann! Ähm, wenn Sie bitte verstehen wollen, was ich mit dieser burschikosen Untertreibung ausdrücken möchte!
Ich bitte Sie also wirklich sehr herzlich – selbstverständlich ohne aufdringlich erscheinen zu wollen – im Rahmen Ihrer nächsten Aktivitäten diese Unterschrift gewissermaßen vorzuziehen ... Und wenn es bei Ihren Plänen bleiben sollte, wünsche ich Ihnen eine angenehme Reise! – Oh, bitte vielmals um Entschuldigung, das ist mir jetzt nur so gewohnheitsmäßig rausgerutscht! 'tschuldigung! Ich darf mich also nochmals für Ihr Verständnis bedanken, noch mehr aber danke ich Ihnen – wie Sie sicherlich verstehen werden – für Ihre baldige Unterschrift. Und falls ich Sie vorläufig nicht mehr sehen sollte: Alles erdenklich Gute!

Heribert Nasselfoicht wollte sich schier ausschütten vor Lachen, was zusammen mit dem Schluckauf, der ihn inzwischen heimgesucht hatte, zu unkontrollierten Lachintervallen führte, die ihn zusätzlich erheiterten. Das Telefon dagegen hielt seinen Rhythmus durch und läutete unbeirrt weiter. Es könnte natürlich auch irgend so ein Typ von yellow press sein ...

„Ja, grüaß Sie God, hochverehrter Meister. Hier spricht der Goschenhuber Schorschi vom ‚Silbernen Blick' – na, bittschön, legn's net gleich wieda auf – i wü Sie goa net lang belästigen – i wü auch goa net versuchen, Sie von Ihrem – na ja – oiso red' ma ruhig drüber – Hamdrahrerplänen, Suizidintentionen, abzubringa – weil i da Meinung bin – dös muß jeda mit sich selba ausmach'n. Ober i wahß net, ob Sie sich no an mi erinnern können – wir kenna uns doch, verehrter Herr Nasselfoicht – i hob doch damals diese schöne Story über Sie g'macht, als Ihre gnädige Frau Mutta g'storben is.
Und nun wollt i ganz höflich anfragen, ob Sie mir vielleicht noch a letztes Interview geben würd'n. I würd mi da natürlich zeitlich ganz nach Eana richt'n – wann's Eana grad pass'n tät – nur eben „vorher" sollt's scho no sein, wenn's mir diesen kleinen Scherz gestatten. – Wir könnt'n das Ganze aufziehn ois Ihre große Abrechnung mit der ganzen Mespoche, der verlogenen – da könnt'n S' einigen Leuten noch mal kräftig vor den Koffer scheiß'n. Oda wir können natürlich auch die totale Larmoyance raushänga lass'n – ganz wie Sie's gern hätt'n. Sie kennen mi ja: I mach' jeden Schmäh mit, der Eana recht is. Und wenn Sie nach dem Interview noch 2–3 Stunden worten, bevor Sie sich … dann können Sie auch gern noch gegenles'n, nicht dasse hinterher enttäuscht san, weil wir uns irgendwo mißverstanden hab'n.
Dös Ganze soll natürlich net umsonst sein, jo i wahß: Is ja e kloar, daß Sie am Geld nimmer interessiert san; oba: Schaun's, es is ja allgemein bekannt, daß Sie Zeit Ihres Lebens 'n Riesengaudi hatt'n, alle Dinge 'n bissel billiger oder möglichst umsonst zu kriagen. Oiso: Wenn Sie mir das Interview exklusiv geb'n, dann stell' i mir vor, daß die Redaktion die Bestattungskost'n übernehmen könnt,

inklusive Soarg, versteh'n 'S. Natürlich das teuerste Modell – des is ja selbstverständlich! – Oder wenn Eana momentan irgendwie innerlich net so ganz nach Interview sein sollte – so was hat ma ja manchmal – dann kann i mer a 'ne entsprechende Story aus den Fingern saugen, – natürlich geb'n Se die Grundstimmung vor – ob sentimental, lustig oder als Preisrätselportrait – und dann brauch'n S' hinterher nur no abzeichnen.
I moin, i kann mir eh vorstell'n, wie Eana zumute is, kurz bevor man – … äh … wie woin Sie's eigentlich machen? Na, dös könn' wir ja nachher noch in aller Rua bei einem Gläschen besprechen. – Ach ja, des Größte wär' natürlich, hochverehrter Herr Nasselfoicht, wenn S' damit einverstanden wärn, daß i *danach*, Sie verstehn, was i moin – wie gesagt: danach no a mal mit einem Fotografen vorbeischaun dürft. Sie hab'n mir ja mal Fotos von Ihrem Schlößchen gezeigt – da bieten sich natürlich fabelhafte Motive für ein letztes Foto an.
I könnt' mir zum Beispiel vorstelln: Sie – auf Ihrer wunderschönen Terrasse sitzend – am besten in einem Lehnstuhl, sicherheitshalber. – Also: der Verblichene vor seinem Anwesen auf der Terrasse – dazu die Schlagzeile: „Ein Frischluftfanatiker – bis zum bittern End!"
Dös geht natürlich nur, wenn Sie's net grad mit Gas mach'n woll'n! Oder wenn Sie's liaber g'spaßig hätt'n, dann setz'n S' Eana in Ihren großen Kamin mit einem Schild um den Hois: „Bitte um Einäscherung!"
I schwör' Eana, da wird jeder denken: Bis zum Schluß zu einem Joke bereit … Sie seh'n, i sprüh' vor Ideen! – Egal, wie Sie's mach'n, wenn i nur um eins bitt'n dürft', lieber Herr Nasselfoicht: Tun's ma den G'fallen und gehn's net ins Meer. Weil: bei den momentanen Wetterverhältniss'n krieg i koane gut'n Unterwasserfotos."

Heribert Nasselfoicht ergötzte sich an dem Gedanken, wieviele Leute doch aus höchst unterschiedlichen Gründen an seiner eben nicht gerade unbekannten Person interessiert waren. Man war eben wer!!
Und diesmal schien es dem Anrufer besonders wichtig zu sein. So ausdauernd hatte es in den fünf Tagen noch keiner bimmeln lassen. Wahrscheinlich sein Arzt, der sich in seinen Alpträumen schon vor Gericht sah wegen erwiesener Mitschuld am vorzeitigen Ende des prominenten Staatsschauspielers Heribert Nasselfoicht.
Heribert feixte und beschloß, dem Anrufer – wer auch immer es sei – mit verstellter Stimme die Tragödie von einem gerade entdeckten Leichnam vorzumimen, als das Telefon aufhörte zu läuten.

Der Mann, der im etwa 2 km entfernten Trégastel den Hörer auf die Gabel knallte, war Angestellter der Städtischen Feuerwehr. Aufgebracht sagte er zu seinem Kollegen: „Du hast doch 'n Sprung in der Schüssel. Ich hab' jetzt über zwei Minuten klingeln lassen ... Wenn du immer noch glaubst, daß da jemand auf dem Schloß ist, dann laß dir von diesem dämlichen Getute dein eigenes Trommelfell perforieren ... Aber beeil dich, bei dem Wind brennt das Schloß sowieso gleich wie 'ne Fackel ...!"

Im Panoramasaal empfand es Heribert Nasselfoicht plötzlich als ein bißchen zu warm. Er öffnete ein Fenster und starrte kurz darauf ungläubig auf die Rauchschwaden, die, durch den Luftzug bedingt, vom angrenzenden Turm durchs Zimmer stoben.
Mit ein paar Schritten – gute Reaktion, tolle Reflexe, schoß es ihm durch den Kopf! – war er an der Treppe, die im Turm abwärts und zum Ausgang führte. Vor 30 Se-

kunden hätte er noch die beiden Handfeuerlöscher erreichen können ... Und vor knapp einer Minute wahrscheinlich sogar noch den Ausgang! Aber jetzt loderten die Flammen meterhoch und strahlten über eine große Distanz eine solch unerträgliche Hitze aus, daß Heribert um seine Haarpracht fürchtend – gute Reaktion, tolle Reflexe! – instinktiv zurückwich.
Das Telefon begann wieder zu klingeln. Heribert hob ab. Er hörte die hysterische Stimme seiner Frau.
„Was denkst du dir eigentlich dabei, tagelang nicht erreichbar zu sein? Die Presse macht mir hier die Hölle heiß. Außerdem weißt du ganz genau, daß es mich brennend interessiert, was bei deinem Telefonat mit der Telefilm rausgekommen ist – wegen meiner Rolle!"
Heribert sah jetzt vom Telefon aus die Flammen um die Ecke wabern und schrie in den Hörer: „Ich kann jetzt nicht!"
„Was soll das heißen – du kannst jetzt nicht! – Liegst du grad wieder mit irgend so 'ner Nutte im Bett?"
Heribert – gute Reaktion, tolle Reflexe! – riß sich zusammen und sagte total cool: „Ich bring' mich gerade um!"
„Versprich mir nichts!"
„Es wird nach einem Unfall aussehen. Hausbrand! Das Feuer ist bereits gelegtl"
„Schade um die schönen Möbel! Ruf aber bitte vorher noch bei der Telefilm an!"
„Ich hab' jetzt wirklich was anderes zu tun!"
„Was kannst du denn jetzt schon noch zu tun haben? Wenn das Feuer bereits brennt, brauchst du doch nur in aller Ruhe abzuwarten, bis die Flammen an dir züngeln!"
Heribert warf den Hörer auf die Gabel und flüchtete sich vor dem Feuer in die äußerste Ecke des Panorama-Saals. Von dort aus fiel sein Blick auf eine verglaste Tür und auf

die dahinterliegende Terrasse. Plötzlich kam ihm in den Sinn – gute Reaktion, tolle Reflexe? –, daß von dieser Terrasse eine Treppe in den Garten führte.
Im Nu war er auf der Terrasse, stolperte die Treppe runter, rannte zum Strand, zog das Boot ins Wasser, warf den Motor an und tuckerte in eine abgelegene Bucht. Mit seinem dort geparkten Wagen fuhr er in Richtung St. Brieuc. Fort! Möglichst weit fort!

Heribert Nasselfoicht brauchte vier Tage, um sich von diesem Schock einigermaßen zu erholen. Am fünften Tag meldete er sich telefonisch bei seiner Frau. „Tja … ähm … es hat nicht geklappt!"
„Meine Güte! Hättste dich nicht 'ne halbe Stunde früher melden können?"
„Warum?"
„Na, jetzt kann ich natürlich keinen mehr erreichen!"
„Wen kannst du nicht mehr erreichen?"
„In der Redaktion! Morgen steht in jeder größeren deutschen Zeitung deine Todesanzeige! Ich weiß zwar nicht, wo du dich gerade aufhältst. Aber wenn du dich beeilst, schaffst du's vielleicht gerade noch, übermorgen an deiner Beisetzung teilzunehmen!"
„Beisetzung?"
„Ja. Urne natürlich! Genug Asche war ja da! Eins ist jedenfalls klar: Ganz Deutschland wird sich über den großen Staatsschauspieler Nasselfoicht schieflachen. So oder so: Tot bist du in jedem Fall!"
Heribert legte auf. Zum ersten Mal in seinem Leben mußte er seiner Frau uneingeschränkt recht geben: Er würde zum Gespött der Leute werden. Und wenn den großen Mimen Nasselfoicht eins mit Panik erfüllte – und zwar so, daß tief innen für nichts anderes mehr Platz war,

In den Brillengläsern des Staatsschauspielers Nasselfoicht ein Abglanz des flammenden Infernos.

weder für Irish Coffee noch für Froschschenkel –, dann war es der Gedanke, womöglich lächerlich zu wirken. Heribert Nasselfoicht sah seinen bisher zielstrebig verfolgten und gerade verlaufenen Lebensweg plötzlich als Sackgasse ohne Wendemöglichkeit.
Zwei Wochen später lebte er unter fremdem Namen in der Nähe von St. Aubin d'Aubigne, in der Irrenanstalt. In seiner Zelle muß das Telefon mindestens alle 10 Minuten klingeln. Beim ersten Zeichen stürzt er sofort zum Apparat und führt ein Gespräch mit einem fiktiven Partner, meistens mit einer Madame Bouillonfontaine. Wenn man ihn daran hindert, ans Telefon zu gehen, faselt er in panischer Angst etwas von Feuersbrunst und Todesanzeigen. Und daß er dringend ein Boot brauche, um sich von der Insel übers Meer zu retten! „Ein Boot, ein Boot! Ein Königreich für ein Boot!" deklamiert er dann mit großer theatralischer Geste!
Die Ärzte stehen vor einem Rätsel, zumal die Irrenanstalt von St. Aubin d'Aubigne mitten auf dem Festland liegt ...

Ich blickte von meinem Manuskript auf. Nach meinem Empfinden hatte ich die Story gut verkauft, locker vorgetragen, da und dort die Charaktere der Hauptrollen leicht anchargiert.
„Tja", sagte ich zu meinem Gegenüber, dem Chef einer Fernsehproduktionsfirma, „tja – das wär's! So etwa stelle ich mir meine nächste Folge vor. Natürlich ist das nur die Grundidee ... Gefällt's Ihnen?"
Herr Husenwall beeilte sich, ein wohldosiertes Maß an Anerkennung zu heucheln: „Durchaus ... beachtlich! Wenn auch ... etwas aufwendig! Aber: Alles in allem ... Doch! Doch! Durchaus! Warum nicht?

Nur in einem Punkt scheint mir Ihre Phantasie ein bißchen mit Ihnen durchgegangen zu sein. Ich meine: Dieser Fernsehproduzent, den Sie da skizziert haben – total unrealistisch, in seinen Reaktionen zu konstruiert, einfach an den Haaren herbeigezogen. Da sollten Sie noch mal rangehen. Der muß – genau wie die anderen Personen – na, Sie wissen schon, was ich meine! Also in der vorliegenden Form jedenfalls möchte ich das nicht ... ich meine, krieg' ich das nicht durch ... "

Ich sandte das Manuskript als Kurzgeschichte an eine Zeitung.
„Wissen Sie", sagte der Redakteur, „es ist nicht so, daß meinen Kollegen und mir Ihre Geschichte nicht gefiele. Nur: Wie kann jemand, der die Branche doch eigentlich ein bißchen kennt, einem Vertreter meines Berufsstandes eine solch menschenverachtende, hämische Grundeinstellung andichten? Der Bankfilialleiter oder der Fernsehproduzent sind doch auch ganz realistisch gezeichnet, warum diese Verzerrung bei dem Journalisten. Das stellt doch auf der ansonsten durchgehaltenen Realitätsebene einen absoluten Bruch dar ... Also: In der vorliegenden Form kann ich das unseren Lesern nicht äh ... wenn Sie verstehen, was ich meine!"

Wenig später hatte meine Agentur eine Anfrage für eine Lesung. Schnell und problemlos erfolgte eine terminliche und finanzielle Absprache. Der Kunde wollte vorher nur gern das Manuskript zugeschickt bekommen. Nur so! Rein interessehalber! Einfach, um informiert zu sein! Bei dem Kunden handelte es sich – wie konnte es anders sein – um eine Bank. Ich schickte das Manuskript zu. Der Vertrag kam nicht zustande ...

Schließlich organisierte ich selbst eine Lesung im Café Zweistein. Von Vertretern eines Geschlechts, dem ich selbst nicht angehöre, wurde ich wegen der Skizzierung von Frau Nasselfoicht, alias Tatjana Godunow, alias Elise Bouillonfontaine mit Ausrufen und Handlungsweisen konfrontiert, die ich bei allem guten Willen, den ich diesem Geschlecht gegenüber gern und jederzeit aufzubringen bereit bin, nicht gerade als uneingeschränkte Zustimmung interpretieren konnte. Zumal mein Nasenbein immer noch nicht geheilt ist …

Gleich nach dem Bruch desselben habe ich mich auf meinen Zweitwohnsitz zurückgezogen, betrinke mich, pinkle ins Waschbecken und habe ein äußerst gestörtes Verhältnis zu Telefonen!

Sie können mich trotzdem gern mal anrufen, aber ich nehme nicht ab! Und wissen Sie auch, warum nicht?

Ganz einfach: Weil ich zu viel esse!

Man ist, was man ißt!

Alles hatte damit begonnen, daß Klaus Berger an einem 14. Dezember mit Freunden in irgendeinem gottverlassenen Nest des Sauerlandes mehr als nur einen zuviel gebechert hatte. Hinzu kam unglücklicherweise, daß er nicht gerade unvermögend war, so daß er sich die Wette leisten konnte. Die Wette – das hieß in diesem Fall die recht späte Verwirklichung eines Jugendtraums: Klaus Berger behauptete nämlich – selbst als er das absolut nicht mehr verständlich artikulieren konnte – es würde ihm absolut nichts ausmachen, ein Jahr mutterseelenallein auf einer unbewohnten Insel zu leben.

Und da daß er nun! Selbstgezimmerte Hütte! Hängematte! Palmenblätterbedeckter Pilzschattenspender! Plumpsklo! Aber Windgenerator! Wegen der Kühlschränke. Also eigentlich mehr wegen der darin befindlichen Eßwaren. Da saß er nun!

Die ersten Wochen – oder doch eher: Die ersten Tage – fand er es recht idyllisch – bis auf die Zeit, wo die Sonne ihr Werk beendete und die Stechmücken und Sandflöhe ihr Werk begannen.

Nach etwa drei Tagen keimte in ihm die Sehnsucht auf, wenigstens mal am Horizont – wenn schon nicht etwas näher – ein Segel oder etwas Ähnliches sichten zu dürfen. Nach fünf Tagen wurmte es ihn, nicht zu wissen, wie Bayern München gegen Werder Bremen gespielt hatte. Nach sieben Tagen hätte er den Inhalt einer seiner Kühlboxen – natürlich nicht den alkoholischen – für den einstündigen Besuch einer Disco gegeben. Spätestens vom zehnten Tag an war er von der fixen Idee besessen, daß er unbedingt ein Zimmermädchen brauche. Schwarz, 21jährig, langbeinig, vollbusig, elfenbeinzähnig und absolut scharf auf Halb-Alkoholiker aus dem Sauerland.

Unter dem ständigen Einfluß ungewohnt ausdauernder und heftiger Sonnenbestrahlung herrschte bald die Wahnvorstellung vor, sein Zimmermädchen spiele seit 21 Jahren schwarz bei einer äußerst langbeinigen Mannschaft von Bayern München mit.

Das war genau der Zeitpunkt, an dem er bereit war aufzugeben. Diesen Entschluß in die Tat umzusetzen, hinderte ihn jedoch sein mangelhaftes technisches Verständnis, das sich darin erschöpfte, die Fußtaste einer Stehlampe bedienen zu können. Nach einigen Tagen mußte er einsehen, daß ein Funktelefon nicht nach dem Prinzip einer Stehlampenfußtaste funktioniert. Und als ihm Wochen später dämmerte, daß die Funkstille eventuell ihre Erklärung in der Tatsache finden könnte, daß der Hauptschalter die ganze Zeit auf OFF gestanden hatte, siegte in ihm oder besser über ihn sein Unvermögen, verlieren zu können.

Unglücklicherweise stellte sich später auch noch heraus, daß Funktelefone allergisch auf in sie gekippte Getränke reagieren, selbst wenn der Kippvorgang nur durch eine leichte Gleichgewichtsstörung des Flaschenhalters und somit also unfreiwillig und ohne jede böse Absicht erfolgt war. Das Funktelefon ließ jedenfalls nie wieder mit sich reden. Zumindest tat es so, als ob es nicht zuhöre.

Um sich irgendwie zu beschäftigen, beschloß er, seine Gedanken zu Papier zu bringen. Da er aber nicht über genügend derjenigen Substanz verfügte, die Menschen

Klaus Berger genießt die Einsamkeit der Inselidylle.

im allgemeinen zum Denken befähigt, blieb das Papier leer. Eine Tatsache, die er dem Kugelschreiber anlastete. So begann er, Strichlisten über die „geschafften" Tage zu führen, spülte Einsamkeitsgefühle mit immer mehr Alkohol beiseite, und irgendwann, als etwa sieben Monate verstrichen waren, drehten sich all seine Gedanken nur noch um Nahrung und deren Aufnahme in fester und flüssiger Form. Stundenlang stand er – sich selbst fragend und sich selbst antwortend – vor den Schätzen seiner Kühlschränke, zählte die Dosen, Einmachgläser und Flaschen, stellte sich in Gedanken Menüs zusammen, freute sich über Heringsfilets in Tomaten-Senf-Sauce, ergötzte sich am Etikett, das ihm Makrelenfilets in Burgunderschaum avisierte, zählte durch die Plastikscheiben seiner Tiefkühltruhenfächer geradezu liebevoll die Anzahl seiner Eisbeine oder bettete völlig unnötigerweise seine Kartoffelmieten um.

Er hatte es sich seit kurzem zum Ziel gesetzt, seine Kumpel bei seiner Rückkehr durch eine kraftstrotzende Erscheinung zu beeindrucken. Braungebrannt, schlank, durchtrainiert, gesund. Nach sieben Monaten war er ohnehin nicht mehr braun, sondern medium-well-done. Er joggte täglich fünfmal quer über die Insel, wenn nicht zu Fuß, dann zumindest in Gedanken. Er nahm nicht mehr fünf volle Mahlzeiten zu sich, sondern nur noch dreieinhalb. Wobei er darauf achtete, die sogenannten Dickmacher wegzulassen, jedenfalls zur Hälfte – jeden zweiten Tag – und das jede erste Woche im Monat.
Besonders stolz war er darauf, daß er seinen Zigarettenkonsum von 60 Zigaretten pro Tag auf nur noch 48 reduziert hatte. Und für jede Zigarette, die er seinen Lungenflügeln darüber hinaus ersparte, belohnte er Zunge,

Gaumen, Magen und Darm mit einer Extraportion Schweinskopfsülze. Relativ hochprozentige flüssige Nahrungsmittel blieben bei diesem Diätplan ausgeklammert, weil der durchschnittliche Pegelstand ihm nie den Hauch einer Chance ließ, diesen Problemkreis nüchtern zu durchdenken. Jedenfalls war er froh, seinen einsamen Tagen einen Sinn gegeben zu haben, wobei ihm verborgen blieb, daß es sich wohl eher um einen Un-Sinn handelte.

Eines sehr späten Nachmittags erwachte Klaus Berger aus einer Betäubung, die er sich mal wieder mittels Alkoholgenuß verpaßt hatte. Diesmal war er mehr denn je geneigt, sich einzugestehen, daß der Alkoholkonsum sein Wahrnehmungsvermögen vielleicht doch nicht durchweg positiv beeinflußte. Denn als er die Augen aufschlug, spiegelten sie ihm vor, am Strand ein wellenumstreicheltes Floß zu sehen. Er schloß und öffnete die Augen mehrmals. Seine Iris vermittelten seinem vernebelten Gehirn auf den wenigen noch intakten Neuronenbahnen umständlich, daß das gesichtete Objekt durchaus nicht das Produkt postalkoholischer Halluzinationen war. Also rappelte er sich auf, bewegte sich schwankend näher und entdeckte auf dem notdürftig zusammengebastelten Floß den leblosen Körper eines Mannes. Er beugte sich hinunter und stellte schnell und verblüffend unkonventionell fest, daß der Mann nur bewußtlos war, weil dieser nämlich instinktiv und stöhnend den Kopf abwandte, um Bergers Alkoholfahne zu entgehen.
Berger nahm das nicht persönlich, schleppte den Fremden auf die Insel und umsorgte ihn, so gut er konnte. Dabei kicherte er ständig: „Wenn ich den wieder hinkriege, wird das mein persönlicher Freitag."

Bei dieser Namensgebung blieb er auch dann noch, als er aus Papieren, die „Freitag" bei sich trug, entnehmen konnte, daß es sich um einen Professor Jörg Brinkmann handelte. Soweit Berger durchblickte, schrieb „Freitag" gerade über vegetative Ernährung als pathogenetisches Prinzip, oder er hatte es mal geschrieben, oder er las es gerne, oder er wollte einfach ein bißchen damit angeben. Vielleicht war es auch nur eine Art Geheimcode. Egal! Auf die Idee, daß Brinkmann eine Koryphäe auf dem Gebiet der Ernährungswissenschaft war, kam Berger nicht. Erstens, weil er – wie oben beiläufig erwähnt – ohnehin von Geburt an nicht viel von jener Substanz sein eigen nannte, der gemeinhin Ideen entspringen, und zweitens, weil er diesen geringen Anteil nie mehr als unbedingt nötig trainiert hatte; ein Organ aber, daß nie – oder doch viel zu selten – benutzt wird, verkümmert ja bekanntlich ...

Brinkmann erwachte am nächsten Morgen, guckte sich mit fieberglänzenden Augen um und schien zu begreifen, daß sein Aufenthalt auf der Insel im Vergleich zu den trostlosen Tagen und Nächten auf dem Floß qualitativ höher einzustufen war.
„Na", meinte Berger, „geht's 'n bißchen besser? Freut mich. Hab' dir auch ganz schön was eingeflößt. Warst ja völlig ausgetrocknet ..."
Brinkmann schluckte und fragte dann krächzend: „Was ... was haben Sie mir gegeben?"
„Na was wohl! Obstsaft natürlich. Extra eigenhändig ausgepreßt!"
Brinkmanns fiebrige Augen weiteten sich noch mehr: „Wann? Ich meine: Wann bin ich hier ... wann haben Sie mir ..."

„Gestern abend, so gegen 18.00 Uhr …"
Erregt stieß Brinkmann hervor: „Ausgepreßte Obstsäfte gibt man nur bis mittags. Und selbst dann nur in verdünnter Form."
Berger nahm diese Belehrung von der heiteren Seite und meinte mit Blick auf seine Uhr: „ Na, dann kannste ja jetzt einen schlürfen."
Brinkmann richtete sich halb auf und gab dem staunenden Berger folgende Anweisung: „Bereiten Sie mir bitte einen Stärkungstrunk, und zwar in folgendem Mischverhältnis: Anderthalb Eßlöffel Molat, einen Teelöffel Granuton, einen Teelöffel Fruchtzucker, einen halben Teelöffel Keim-Diät-Öl, warm, das Ganze mischen mit einer halben Tasse Wasser …"
„Und wie wär's danach mit 'm bißchen Puderzucker rektal?"
„Industriezucker in keiner Form!"
„Also, ich hab' noch 'n ausgepreßten Orangensaft anzubieten. Da kriegste wenigstens 'n paar Vitamine zwischen die Rippen."
Brinkmann musterte ihn und fragte dann argwöhnisch: „Und wann wurde der ausgepreßt?"
„Wann? Heute morgen. Vor ungefähr zwei bis drei Stunden."
Brinkmanns Verdacht schien bestätigt; dieser Typ, der da den jovialen Vitaminspender vorzutäuschen suchte, hatte nichts Gutes mit ihm vor: „Südfrüchte muß man unmittelbar nach dem Auspressen zu sich nehmen, weil sonst die Vitamine durch Licht und Luftsauerstoff zerstört werden. – Kann ich irgendeine leichte Suppe haben?"
Berger bemühte sich, freundlich zu bleiben: „Ich hab' mir gestern 'ne Gemüsesuppe gemacht. Da könnt' ich dir was von aufwärmen."

Brinkmann jaulte förmlich auf: „Aufwärmen? Ausgerechnet Gemüsesuppe? Aufwärmen? Gemüse hat heutzutage einen immens hohen Stickstoffgehalt. Beim Aufwärmen wird das instabile Nitrat in das gefährliche Nitrit umgewandelt. Wollen Sie mich umbringen?!"
Berger winkte ab: „Nun bleib mal auf 'm Teppich. In einem Teller Suppe kann doch gar nicht so viel von diesem Zeugs drin sein."
Brinkmann wußte es besser: „Der menschliche Körper verträgt höchstens einen Nitratrückstand von 70 Milligramm. Und genau diese Dosis ermittelten Forscher bereits in drei frischen Radieschen. Oder in nur 100 Gramm Feldsalat!"
Berger mußte daran denken, wie oft er sich in den letzten Monaten Gemüsesuppe aufgewärmt hatte. Irgendwie fühlte er sich plötzlich nicht mehr so ganz ...
Brinkmann beruhigte sich etwas und fragte: „Darf ich um ein Glas Milch bitten?"
Diesmal wollte es Berger ganz korrekt machen. Er entnahm einem seiner Kühlschränke eine noch mit Folie versiegelte Plastikflasche, trug sie zum Lager von Brinkmann und präsentierte sie diesem, wie es der Sommelier eines First-Class-Restaurants mit einer Flasche „Pétrus" tun würde.
Brinkmanns Augen wanderten fassungslos zwischen der Plastikflasche und Bergers Gesicht hin und her. Schließlich stammelte er: „Sie wollen mir doch nicht etwa homogenisierte, pasteurisierte Milch anbieten?"
„Was denn sonst? Was soll daran nicht in Ordnung sein?"
Brinkmann erregte sich aufs äußerste: „Was daran nicht in Ordnung sein soll? Pasteurisierte Milch ist künstlich resynthetisierte Milch, das heißt womöglich dauer- oder sogar hocherhitzte Milch!"

„Ja, und?"
„Pasteurisiertes Milcheiweiß ist totes Eiweiß. Und eine denaturierte tote Substanz wirkt auf den lebenden Organismus wie ein Fremdkörper! Und noch lebe ich, falls Sie das nicht bemerkt haben sollten."
Brinkmann beugte sich vor und sagte in einem Ton, von dem Berger nun absolut nicht mehr sicher war, ob er auf echtem Wissen oder auf Fieberwahn beruhte: „Ich habe mal Versuche mit Katzen gemacht. Das Resultat: Gekochte Eiweißkost führt erstmal zu einer sich ständig wunderschön steigernden Schädigung der Leber. Und irgendwann wurde die Galle so toxisch, so absolut giftig, daß sogar schädliches Unkraut nicht mehr auf einem Boden wachsen wollte, der mit dem Kot einer mit gekochter Proteinkost gespeisten Katze gedüngt worden war."
Brinkmann beugte sich noch näher und flüsterte: „Die Jungen solcher Katzen sind deutlich anormal; die zweite Generation wird entweder tot geboren oder ist krank, und eine dritte Generation gibt es ganz selten, weil die armen Tierchen unfruchtbar geworden sind." Und auf das gefüllte Milchglas deutend, das der angeekelte Berger in der Hand hielt, fügte er hinzu: „Wohl bekomm's! Kann ich vielleicht 'n Joghurt haben?"
Berger schüttete die Milch weg und brachte Brinkmann einen Becher Joghurt. Er atmete auf, in dem sicheren Gefühl, daß es daran ja nun bestimmt nichts auszusetzen gäbe. Das erwies sich jedoch schnell als Irrtum.
Brinkmann prüfte die Angaben auf dem Becher und warf Berger blitzschnell einen Blick zu, so als wolle er ergründen, ob es sich bei diesem Angebot tatsächlich um den Versuch vorsätzlichen Mordes handelte. Dann dozierte er in einem Ton, der der sicheren Überzeugung entsprang,

daß Berger ganz genau wisse, wessen er sich schuldig gemacht habe: „Zum Herstellen von Joghurt kann man sowohl rechtsdrehende wie auch linksdrehende Milchsäure verwenden. Dieser Joghurt ist auf der Basis linksdrehender Milchsäurebakterien hergestellt. Die menschliche Darmflora kann auf die Dauer ohne Schaden aber nur rechtsdrehende Milchsäure vertragen. Geben Sie sich keine Mühe, so zu tun, als wüßten Sie das nicht!"
Berger war absolut keine starke Persönlichkeit, dafür aber zum Ausgleich ein perfekter Hypochonder. Er konnte zwar absolut nicht überblicken, ob all diese Ausführungen der Wahrheit entsprachen, vorsorglich wurde ihm aber in jedem Fall schon mal übel. Er schluckte mehrmals und würgte dann eine Entgegnung hervor, die schon wie eine Entschuldigung klang: „Und wo, bitteschön, soll ich hier frische Milch herkriegen?"
„Eine gebrauchte Kuh wäre billiger gewesen als ein windgeneratorbetriebener Kühlschrank! – Geben Sie mir bitte ein Stück Brot! Einfach trockenes Brot!"
Berger atmete vor der Hütte ein paarmal tief durch. Dann holte er Brinkmann das Brot und reichte es ihm. Dabei fragte er sich, woher er die Gewißheit nahm, wieder das Falsche anzubieten.
Und tatsächlich! Brinkmann schüttelte sich und schrie: „Weißbrot? Wenn ich das hier jemals lebend überstehe, werde ich Sie anzeigen!"
„Wieso?" stotterte der völlig verunsicherte Berger:
„Tun Sie doch nicht so scheinheilig! Weißbrot entsteht aus raffiniertem Korn. Beim Raffinieren gehen die basenhaltigen Hüllen des Korns verloren. Die Folge ist eine Azidose, eine Übersäuerung. Und dieser Säureüberschuß führt zu den schwersten Krankheitssymptomen: Kreislaufkollaps, Bildung von Gallensteinen, Koliken ..."

Ohne Übergang kippte der aggressive Ton um. Brinkmann schluchzte weinerlich: „Warum wollen Sie mir die Spurenelemente vorenthalten? Warum wollen Sie mein Säure-Basen-Gleichgewicht stören? Warum nur? Was habe ich Ihnen denn getan?"
Berger schöpfte Hoffnung. Ganz klar, das waren Fieberphantasien! Er wandte sich achselzuckend ab, da winselte Brinkmann: „Kartoffeln! Haben Sie Kartoffeln? Ich möchte Kartoffelbrei."
„Kartoffelbrei! Okay! Dauert aber 'ne halbe Stunde!"
„Aber lassen Sie die Milch weg! Und zeigen Sie mir die Kartoffeln vorher."
Kopfschüttelnd holte Berger einen Topf Kartoffeln aus seinem Bestand und präsentierte sie Brinkmann. Dieser starrte mit angstgeweiteten Augen auf die Erdäpfel und stammelte: „Aber … aber die haben ja alle schon Keime!"
Berger nahm sich zusammen und beruhigte ihn wie ein kleines Kind: „Ja, ja – die Keime mache ich natürlich alle ab. Keine Sorge!"
Brinkmann wurde wieder wütend: „Aber das ist nicht der Punkt! Die Lebenskraft der Kartoffel ist in ihren Keim übergegangen, all diese Kartoffeln haben einen gefährlich hohen Solanin-Gehalt!"
Brinkmann winkte resigniert ab und starrte ins Leere. Berger fing an, Mitleid zu empfinden: „Ich könnte Ihnen ganz zartes Kalbfleisch kochen. Oder 'n Hühnerfrikassee!"
Aber er bereute seinen Vorschlag gleich wieder, denn Brinkmann äußerte geringschätzig: „Jedes Kochen einer Nahrung stellt eine starke Wertminderung dar. Der Mensch ist das einzige Lebewesen, das seine Nahrung auf diese Weise zerstört, bevor er sie ißt. Aber selbst wenn

ich diesen – eigentlich unakzeptablen – Vorschlag annehme, dann brauche ich vorher dringend einen Salat zur Verhinderung einer Verdauungsleukocytose ..."
„Zu einer wie bitte – was?"
„Zur Verhinderung eines Anstiegs der weißen Blutkörperchen. Haben sie irgendeinen Rohkostsalat für mich?"
Diesmal wollte Berger rechtzeitig einem neuen Einwand begegnen und meinte: „Klar – aber natürlich keinen frischen!"
„Sondern?"
„Tiefgefroren. Aus Deutschland mitgebracht! Aber keine Sorge", fügte er triumphierend hinzu, „gleich nach der Ernte frisch eingefroren! Sie können sogar wählen: Kopfsalat oder Endivien!"
Brinkmann guckte ihn mit weitaufgerissenen Augen an, richtete sich wie in Zeitlupe ächzend auf und flüsterte: „Und wissen Sie auch, wo Ihr Salat gewachsen ist? Ich meine, kennen Sie seinen ursprünglichen Standort? Was wissen Sie über die Oberflächenbeschaffenheit des Bodens, auf dem er gewachsen ist? Kennen Sie die Dauer und den Grad der Einwirkung von Benzpyren auf den Salat, den Sie mir anbieten wollen?"
Berger fühlte sich wie hypnotisiert von dem starren Blick Brinkmanns und stotterte: „Äh – Benzpyren?"
Brinkmann beugte sich ganz langsam weiter in Richtung Berger und flüsterte: „Benzpyren – das ist das Produkt unvollständiger Verbrennung von teerhaltigen Substanzen. Im Haushalt, in der Industrie, bei Verbrennungsmotoren. Weit genug vom Industriestandort entfernt findet man 5 bis 10 Milligramm Benzpyren pro Kilogramm Erdreich. Aber wenn Ihr Salat beispielsweise in der Nähe einer Autobahn gewachsen ist, dann erhöht sich der Schadstoffgehalt sehr schnell auf das Dreihundertfache,

nämlich auf dreitausend Milligramm pro Kilogramm Erde. Na?"

„Was ... was soll ich dazu ... also sagen?"

„Aus der Erde gelangt das Gift in alle Pflanzen. Und die höchste Konzentration findet man zufällig in Endivien- und Kopfsalat! Und genau den wollen Sie mir zufällig anbieten!"

„Also, ich wußte wirklich nicht ..."

„Mal ganz abgesehen von Blei, Cadmium, Arsen, Quecksilber oder irgendwelchen Herbiziden. Ganz zu schweigen von den chlorierten Kohlenwasserstoffen: Akarizide, Molluskizide, Rodentizide ..."

Berger konnte weder den irren Blick Brinkmanns noch die nicht enden wollende Aufzählung von Gefahrenquellen länger aushalten. „Okay, okay", rief er entnervt, „dann kriegen Sie eben keinen Salat. So einfach ist das!"

Aber Brinkmann hatte sich weiter aufgerichtet, stand jetzt auf und kam – den Blick starr auf Bergers Augen gerichtet – auf diesen zu.

„So einfach ist das nicht. Was wollen Sie mir denn stattdessen anbieten? Irgendwas muß ich ja schließlich essen ..."

Berger wich zurück. Er überlegte fieberhaft, was er diesem Irren unbedenklich anbieten könnte. Brinkmann näherte sich ganz langsam.

„Ich hätte ... Ich könnte Ihnen ..."

„Ja? Was denn?"

„Eine noch gar nicht alte ... also wirklich sehr wohlschmeckende ... hier, diese Fischkonserve ...?"

Brinkmann schien es die Sprache zu verschlagen. Er blieb stehen, und Berger stellte mit Erleichterung fest, daß Brinkmann nicht mehr ihn, sondern die Dose fixierte. Ein Seufzer entrang sich Brinkmanns Brust, er guckte Berger

an, als blicke er durch ihn hindurch. Seine Worte klangen monoton und tieftraurig: „Konservendosen werden aus verzinntem Eisenblech hergestellt. Die Dosen werden von Maschinen verlötet. Bei der Lötung der Dosennähte wird bis zu 98 Prozent Blei verwandt. Durch die Lebensmittelsäuren lösen sich die Metalle Zinn und Blei. Es kommt zu Wechselwirkung zwischen Dose und Inhalt. Guten Appetit!"
Brinkmann wandte sich zum Gehen, in der Tür drehte er sich noch mal um: „So ungesund wie Sie leben, müssen Sie eine geradezu exemplarische Störung Ihres gesamten Verdauungsapparats haben. Und zwar von der Mundhöhle bis zum After! Ich rate Ihnen dringend zu einer eingehenden Stuhluntersuchung. Schnellstens! Zu diesem Zweck schickt man eine Probe vom letzten Drittel des Morgenstuhls frisch an ein Labor für Darmbakteriologie! – Ich empfehle mich!"

Mit allen Anzeichen des Entsetzens – fast so, als hätte er Angst sich anzustecken, entfernte sich Brinkmann, schob sein Floß ins Wasser und ruderte wie von Furien gehetzt einem fernen Landstrich entgegen, wo sich gesunde Milchsäurebakterien fröhlich rechtsrum drehen, und glückliche Pflanzen auf gesundem Katzenkot gedeihen. Zurück blieb der Hypochonder Berger, bei dem von Minute zu Minute die Gewißheit wuchs, seine Nahrungsmittel nicht mehr anrühren zu können. Zumal ein von Brinkmann versehentlich zurückgelassenes Buch detailliert die Richtigkeit seiner Ausführungen bestätigte.
Das Funktelefon blieb – trotz veränderter Gesamtsituation – uneinsichtig. Das Schiff, mit dem Bergers Freunde ihn abholen wollten, war frühestens in vier Monaten zu erwarten ...

Le poète est mort! Vive le poète!

Wenn nicht alles täuscht, scheint die moderne Baudelaire-Forschung zu einer Neueinschätzung des Dichters zu gelangen, die einer literaturwissenschaftlichen Revolution gleicht.
Professor Dr. Dr. Klaus-Rüdiger Schmotz-Puggenpahl, der über die Grenzen des deutschsprachigen Kulturraums hinaus bekannte Romanist, hat sich nach jahrzehntelanger Forschung entschlossen, seine Erkenntnisse einer breiteren Öffentlichkeit zugänglich zu machen, indem er einen Artikel in der Fachzeitschrift *Odyssée littéraire* veröffentlichte, die in ihrem Impressum immerhin eine Auflage von 1.682 Exemplaren ausweist.
Der Artikel trägt den Titel ‚Les merveilles renversantes des Fleurs du Mal' und in der Tat wartet diese interessante Arbeit mit Deutungen und Erkenntnissen auf, die das bislang gültige Bild von Baudelaire – vorsichtig formuliert – in Frage stellen.
Wir möchten nachstehend dem literarisch interessierten Kreis unserer Leser einen Einblick in den derzeitigen Stand der Baudelaire-Forschung geben, ohne uns selbstverständlich in allen Punkten vorbehaltlos den Schmotz-Puggenpahlschen Deutungen anzuschließen.
In seiner wissenschaftlichen Analyse stützt sich Prof. Dr. Dr. Schmotz-Puggenpahl in erster Linie auf das Werk ‚Un voyage a Cythère' (aus: Charles Baudelaire, Sämtliche Werke/Briefe, Band III, erschienen im Kleck-Cozza-Verlag, Stuttgart 1975).

Wir zitieren aus der tiefschürfenden Analyse Prof. Dr. Dr. Schmotz-Puggenpahls:

„… halte ich es für wissenschaftlich gesichert, daß in der zweiten Zeile des ersten Verses das Substantiv ‚Cordages' eine bisher wenig bekannte Spielart einer sprachlichen Ellipse darstellt.

Baudelaire hat hier den Begriff cordages vocales in künstlerischer Freiheit auf cordages verkürzt. Das bedeutet, daß meine verehrten Kollegen bisher dieses in Frage stehende Wort fälschlicherweise mit ‚Tauwerk' übersetzt haben. In Wirklichkeit müssen wir davon ausgehen, daß es mit dem Begriff ‚Stimmbänder' gleichzusetzen ist. Demzufolge bedarf die bisherige Übersetzung einer Korrektur. Statt:

> ‚Mein Herz schwebte frei rings um das
> Tauwerk hin …'

muß es vielmehr richtig lauten:

> ‚Mein Herz … schwebte frei rund um
> die Stimmbänder herum …'

Eine allégorie merveilleuse, eine überaus sensible Umschreibung für das innere Aufgewühltsein Baudelaires (vergleiche auch im Deutschen: Mir schlägt das Herz bis zum Halse!).

Spätestens in der vierten Zeile des ebensovielten (!) Verses ist nach meinen Forschungen das Wort l'encens durch l'enceinte zu ersetzen. Ein – böswilliger? – Irrtum oder zumindest eine – absichtliche? – Nachlässigkeit des Schreibers im Archiv, der, wie die heutige Forschung weiß, Baudelaire nicht wohlgesonnen war, da eine hochschwangere (!) Cousine der Tante der Schwester der Frau des Schreibers von dem Cousin des Onkels des Bruders des Mannes der Köchin Baudelaires am 15. April 1859 nur eine auf die Hälfte der üblichen Menge reduzierte Portion der damals servierten Gratin de fraises erhalten hatte (!).

Prof. Dr. Dr. Klaus-Rüdiger Schmotz-Puggenpahl, Baudelaireforscher.

So heißt es eben nicht:

,... wo anbetend die Herzensseufzer
hinziehen wie Weihrauch über einen
Rosengarten ...'

Sondern es muß lauten:

,... wo die Seufzer des Herzens anbetungsvoll wie eine Schwangere über
einen Rosengarten kullern ...'

Diese Zeile deutet in versteckter Form darauf hin, daß es an jenem 15. April 1859 zwischen der schwangeren Cousine und der Köchin zu handgreiflichen Auseinandersetzungen kam, in deren Folge die Schwangere auf einem abschüssigen Rosenbeet zu Boden ging.

Auch im fünften Vers ist aus ähnlichem Grund das Wort ,Roucoulement' durch das damals gebräuchlichere ,reculement' zu ersetzen. In der gleichen Zeile ist der Begriff ,ramier' natürlich ironisch gemeint und von ,la rame' (das Ruder) abgeleitet. Es handelt sich also an dieser Stelle nicht um:

,... das stete Gurren eines Taubers ...'

Sondern richtig übersetzt um:

,... das ewige Zurückgeworfenwerden
des Ruderers ...',

wobei Baudelaire ganz klar – wenn auch mit einem neuen Bild – auf Sisyphus anspielt.

Es sei mir an dieser Stelle die auf den ersten Blick unwichtig erscheinende Marginalie erlaubt, daß mit dem letzten Wort der vierten Zeile des siebten Verses sich die Schriftzüge deutlich ändern. Das läßt folgende Schlüsse zu: Entweder hatte der Schreiber an eben dieser Stelle Dienstschluß, oder er hatte sich aufgrund seiner von ihm irgendwann zu verantwortenden sinnentstellenden Abänderungen innerlich dermaßen stark erregt, daß er erkrankte oder sogar das Zeitliche segnete; vielleicht aber folgte er auch nur einem Streikaufruf seiner Gewerkschaft.

Jedenfalls sehen wir uns mit der interessanten Tatsache konfrontiert, daß ein neuer Schreiber vom achten Vers an die Arbeit seines Vorgängers fortsetzte. Dieser nun schien ein besonders gespanntes Verhältnis zu Baudelaire gehabt zu haben.

Meine Nachforschungen ergaben folgendes:

Der Vater des Schreibers war Uhrmacher. Aus Verehrung schenkte er (der Vater, die Redaktion) Baudelaire am 05.06.1845 um 8.12 Uhr oder am 06.05.1854 um 12.08 Uhr eine Standuhr. Da Baudelaire nicht auf Uhren stand – man erlaube mir dieses kleine Bonmot –, entfernte er die Zeiger und überklebte das Zifferblatt mit einem Stück Papier, auf dem zu lesen stand: Il est plus tard que tu ne penses!

Dieser Umstand war dem Schreiber bekannt. Aus übergroßer Liebe zu seinem Vater sprach er Baudelaire das Recht ab, das Wörtchen Uhr in seinem Werk fürderhin zu verwenden. Und da er ihn gleichzeitig zum Teufel, zum Henker, also an den Galgen wünschte, veränderte er das Baudelair'sche ‚pendule' in ‚pendu'.

Wir werden gleich sehen, was für verheerend-sinnentstellende Folgen dieser Umstand für die bisherige Baudelaire-Forschung hatte. Die hier in Frage stehende Zeile lautet:

> ‚De féroces oiseaux … détruisaient
> avec rage un pendu déjà mûr …'

Sie muß jedoch richtig lauten:

> ‚De féroces oiseaux … détruisaient
> avec rage une pendule à mûre …'

Die bisherige Übersetzung lautete irrigerweise:

,Grimmige Vögel … zerfetzten wütend
einen schon mürben Toten …'

Während sie richtig lauten müßte:

,Grausame Vögel … zerstörten wütend
eine Brombeer-Uhr …'

Soweit in Auszügen der Artikel von Prof. Dr. Dr. Schmotz-Puggenpahl.

Ihm wird energisch widersprochen von Prof. Dr. Dr. Dr. Ottokar von Schminkelsbach-Schnallenstrauch.

Wir zitieren aus dessen Erwiderung:

„… hat sich der verehrte Kollege Schmotz-Puggenpahl in das verrannt, was man zu meiner Studienzeit als ,chimère' zu definieren pflegte. Würde man seiner Interpretation folgen, so würde der Beginn des zwölften Verses in der Übersetzung lauten:

,Du lächerliche Brombeer-Uhr, deine
Schmerzen sind die meinen!'

Glaubt Schmotz-Puggenpahl allen Ernstes, daß sich Baudelaire zum Verfassen dieser Zeile eigens in ein Brombeer-Beet gelegt hat?

Am Rande sei darauf hingewiesen, daß sich ,dent' nicht nur mit Zahn übersetzen läßt, sondern auch mit Zacke, Spitze – was in der Mitte des 19. Jahrhunderts (und genau zu diesem Zeitpunkt lebte Charles Baudelaire nun mal, verehrter Kollege Schmotz-Puggenpahl!), was in der Mitte des 19. Jahrhunderts als Synonym für Penis stand. Bei Baudelaire an dieser Stelle als Plural (dents) verwandt! Soll das nach Schmotz-Puggenpahl bedeuten, daß Baudelaire sich an dieser Stelle über zu häufige Erektionen beklagt? Soll demzufolge der in engem Zusammenhang stehende Begriff ,vomissement' nicht mehr mit ,Erbre-

Prof. Dr. Dr. Dr. Ottokar v. Schminkelsbach-Schnallenstrauch, Baudelaireforscher.

chen', sondern mit ‚Ejakulation' übersetzt werden? Ist dieses Werk des großen Meisters keine Auseinandersetzung mit dem Grauen angesichts des Todes, keine Todesahnung? Will uns der Dichter wirklich nur sagen: „Mir schlägt das Herz bis zum Halse", auf gut deutsch:

‚Mich erregt es, wenn ich eine Schwan-
gere über ein Rosenbeet kullern sehe,
derart, daß ich mich mit einer Pendel(!)-
Uhr in ein Brombeerbeet legen muß, wo
ich mich gleich mehrfach abreagieren
kann!?'

Hätte Baudelaire dieses Gefühl ausdrücken wollen, hätte er vermutlich schlicht und ergreifend geschrieben: ‚Ich fühl' mich wie ein Hund – zu häufig läufig!'

Sein Werk trüge auch nicht den Titel ‚Les Fleurs du Mal', sondern allenfalls ‚Les feux de Pigalle'."

Soweit die kritischen Anmerkungen des greisen Prof. Dr. Dr. Dr. Schminkelsbach-Schnallenstrauch. In unserer nächsten Ausgabe drucken wir zum gleichen Thema einen Beitrag von Prof. Dr. Ernst-Georg Hasselstrack-Weideschwind ab, der die Meinung vertritt – soviel sei verraten –, daß die Stelle ‚aux brises passagère nicht mit ‚weichem Hauch', sondern mit ‚Lüftchen weiblicher Fahrgäste' zu übertragen ist …

Man darf gespannt sein!

Die Macht des Unterbewußtseins

Dies ist die Geschichte vom Leidensweg eines Mannes namens Benjamin Boopel.

Seine Verwandten behaupten, alles hätte damit begonnen, daß Benjamin aus den Fernseh-Nachrichten erfuhr, ein hochgestellter Politiker müsse sich einer Operation an der Prostata unterziehen. Da sich Benjamin Boopel für politisch interessiert hielt, zögerte er keinen Augenblick, eine Leih-Bücherei aufzusuchen, wo er eilig nachschlug, was er unter Prostata zu verstehen habe. Er fand es direkt zwischen „Prost" und „Prostituierte" in unmittelbarer Nähe von „Proszeniumsloge".

Da Benjamin über eine ausgeprägte Phantasie verfügte und absolut hypochondrisch veranlagt war (selbstverständlich ohne zu wissen, was dieses Wort bedeutete), kaufte er bereits am nächsten Tag sämtliche Bestände an Kürbiskernen auf – insgesamt 42,3 kg –, um diese prophylaktisch (selbstverständlich ohne zu wissen, was dieses Wort bedeutete) kleingekaut zu schlucken.

Unglücklicherweise schenkte ihm der Verkäufer ein Exemplar der „Goldenen Gesundheitsgazette". Zu Hause angekommen, blätterte Benjamin Boopel in dieser Zeitschrift und stieß auf einen Artikel von Prof. Dr. Hugo Stassenkort. Darin stellte dieser die wissenschaftlich fundierte Behauptung auf, daß die Lektüre von Büchern weit gesünder sei als beispielsweise Fernsehen: „Soweit nicht anders verordnet, täglich etwa eine Stunde vor dem Schlafengehen ca. 20 bis 30 Seiten bei leicht vorgebeug-

tem Kopf in beide Augen einträufeln. Zerebrale Verarbeitung des durch die Augen aufgenommenen Stoffes ist im Sinne der Behandlung und fördert den Heilungsverlauf.
Achtung: Vor Gebrauch nicht schütteln! Gegebenenfalls für Kinder unzugänglich aufbewahren.
Nebenwirkungen: Schläfrigkeit, Übelkeit sowie – abhängig von der jeweiligen Lektüre – Ab- oder Zunahme des geschlechtlichen Bedürfnisses.
Zusammensetzung: 1 kg Buch enthält durchschnittlich 12 bis 28 Kapitel, 300 Seiten, 11.400 Zeilen oder 798.000 Buchstaben sowie 820 Absätze und 14.667 Interpunktionszeichen.
Eigenschaften: Dient einer besseren Durchblutung, insbesondere der Sehnerven und Gehirnzellen und löst schonend eventuelle Kalkablagerungen.
Gegenanzeigen: Nicht wirksam bei Blindheit oder totaler Finsternis."

Benjamin Boopel war von dieser für ihn völlig neuen Möglichkeit, etwas für seine Gesundheit zu tun, fasziniert. Schnurstracks verließ er seine Wohnung, betrat zum ersten Mal in seinem Leben eine Buchhandlung und erstand nach stundenlangem Abwägen das Werk: „Bodenbeschaffenheit der südamerikanischen Hochebene". Fünf Tage später quälte er sich durch den Wälzer: „Die Mundarten des Hochtibetanischen im 17. Jahrhundert." Es folgten: „Der atomistische Pluralismus des Vaisèsika", „Die Systeme des Brahmanismus" sowie „Kritische Erörterungen zur Nyàya-Lehre von der Seele und ihrer Beziehung zum Bewußtsein".
Etwa zehn Tage später tauchte Benjamin Boopel im Zustand völliger Verwirrung wieder in der Buchhandlung auf. Wie ein Vulkan sonderte er einen Schwall völlig sinn-

Benjamin Boopel beim Anzapfen seines Unterbewußtseins.

los aneinandergereihter Wortkaskaden ab. Gleichzeitig bestand er gegenüber dem Buchhändler darauf, diese Phrasenlava als persönlichen Beitrag zur Unzulänglichkeit der empirischen Erkenntnis und als Widerlegung des Subjektivismus gewürdigt wissen zu wollen.
Im Laufe eines etwa achtstündigen Streitgesprächs stellte Benjamin Boopel schließlich die Überlegung an, ob die Welt als solche nicht doch nur eine Illusion sei. Um ihn endlich loszuwerden, ging der Buchhändler bereitwillig auf diese Überlegung ein. Das erwies sich als unbedacht. Denn Benjamin Boopel folgerte daraus: „Wenn die Welt nur eine Illusion ist, dann ist diese Buchhandlung ebenfalls nicht wirklich existent. Und was nicht existent ist, kann man ruhig anzünden – weil: Wo nichts da ist, kann ja auch nichts anbrennen."
Schließlich gelang es dem verzweifelten Buchhändler, Benjamin Boopel zum Verlassen seines nicht existierenden Geschäfts zu bewegen, indem er ihm eine halbvolle Dose Ölsardinen, eine Sauerstoffpumpe für Süßwasseraquarien, einen nicht mehr funktionsfähigen Luftfeuchtigkeitsmesser sowie ein Buch schenkte. Das Buch trug den Titel: „Die Macht Ihres Unterbewußtseins" … Und seine Wirkung auf Boopels strapazierten Geist glich einem Naturereignis.
Das Buch handelte von der Dualität des menschlichen Geistes. Der Autor ging davon aus, daß es zwei getrennte geistige Bereiche gibt, auf der einen Seite das Bewußtsein, das durch den Verstand kontrolliert wird, und auf der anderen Seite das Unterbewußtsein, das den Gesetzen der Logik unzugänglich ist. Das Unterbewußtsein beschrieb er als innere Schatzkammer, als Goldader, als schöpferische Kraft. Wer die wunderwirkenden Kräfte seines Unterbewußtseins anzuzapfen versteht, dessen

Leben wird von Macht, Reichtum, Gesundheit, Glück, Freude, Dachpappe oder Kohlrouladen erfüllt sein. „Schreiten Sie nimmermüde voran, bis das strahlende Licht des Tages alle Schatten verscheucht."

Und Benjamin Boopel schritt voran. Seine erste Reaktion bestand darin, daß er sich total von der Außenwelt abkapselte, was besonders von dem Buchhändler mit tiefer Dankbarkeit zur Kenntnis genommen wurde. Benjamin las dieses Buch täglich, und wir können nur versuchen, nachzuvollziehen, was in ihm vorgegangen sein mag, indem wir seine Anmerkungen und Notizen lesen, die hier auszugsweise wiedergegeben werden:

Ich war fertig. Völlig fertig. Fix und fertig. Mindestens zwei Wochen habe ich gebraucht, um mich wiederzufinden. Schließlich entdeckte ich mich, als ich in den Spiegel guckte.
Je tiefer ich in die Welt meines neuen Buches eindringe, desto mehr sehe ich mein Bewußtsein als eine Art Anlasser, meine Gedanken als Treibstoff und mein Unterbewußtsein als den dazugehörigen Motor. Das wirft natürlich die Frage auf: Bin ich, Benjamin Boopel, als Mensch wirklich Mensch oder nicht doch eher ein Auto? Was mich stutzig macht: Ich kann nirgends an mir eine Hupe entdecken! Auch fehlen Fernlicht, Rückspiegel und Scheibenwischer. Bin ich womöglich nur ein Versuchsmodell? Oder vielleicht sogar eine Fehlkonstruktion ...?
Am meisten fasziniert mich momentan das Kapitel über die wunderwirkende Kraft der Phantasie. Mit einer bestimmten Technik soll es möglich sein, sich jeden Wunsch zu erfüllen. Wenn ich das hinkriege, werde ich schon bald eine eigene Hupe haben.

Soweit ich das verstanden habe, soll man sich erst mal total entspannen, dann intensiv an den Wunsch denken und ihn sich bereits an der Schwelle zu seiner Verwirklichung vorstellen. Das heißt: Woran man ganz fest glaubt, das wird erst im Geist und dann aber auch im tagtäglichen Leben Gestalt annehmen: Ich arbeite daran und werde in den nächsten Tagen einen Versuch unternehmen. Hoffentlich produziere ich das richtige Treibstoffgemisch! Hoffentlich springt mein Motor an! Hoffentlich!

Hurra! Gestern abend ist es passiert. Es begann damit, daß ich plötzlich feststellen mußte, daß mein Feuerzeug nicht mehr funktionierte und die Streichhölzer alle waren. Gleichzeitig verspürte ich das intensive Bedürfnis zu rauchen. (Ein Gefühl, das schwere Konflikte in mir hervorrief. Denn: Welches normale Auto raucht schon? Vielleicht bin ich eben doch nur eine Art Dampfmaschine …)
Jedenfalls setzte ich mich so entspannt, wie es mir mein kippeliger, weil nur noch dreibeiniger, Sessel erlaubte, in mein Wohnzimmer, stellte mir intensiv die Erfüllung meines Wunsches vor und versetzte mich in die freudige Gewißheit, daß mein Unterbewußtsein für die Verwirklichung meines Wunsches sorgen werde.
Nach der Methode von Prof. Charles Baudouin verdichtete ich meinen Wunsch in einem kurzen, einprägsamen Satz, den ich wie ein Schlaflied ständig wiederholte, um meinem Unterbewußtsein möglichst effektiv die gewünschte Vorstellung zu suggerieren. Der Satz lautete: „Immer wenn du denkst, es geht nicht mehr, kommt von irgendwo ein Lichtlein her!"
Kaum hatte ich diesen Satz fünf Stunden lang wiederholt, explodierte hinter mir die Gasheizung, so daß ich mir an

der brennenden Gardine meine Zigarette anstecken konnte. Woran man sieht, daß die Bibel recht hat, denn dort steht geschrieben: „Worum Ihr gläubigen Herzens bittet, das wird Euch gegeben werden."

Ich bedankte mich bei der unendlichen Macht und Weisheit meines Unterbewußtseins mit einem kurzen Gebet, das ich in folgende Worte kleidete: „Beschließt du eine Sache, wird's dir gelingen, und über deinen Lebenswegen strahlt ein Licht." (Hiob 22, 28)
Als ich meine Augen wieder öffnete, stand ich in einem unlöschbaren Flammenmeer. Das Haus rückwärts verlassend, gab ich meinem Unterbewußtsein meine neue Wunschvorstellung ein, es möge zu brennen aufhören. Diesmal brauchte die unendliche Kraft in mir nur etwa drei Stunden, um sich durchzusetzen. Skeptiker mögen einwenden, daß die Flammen nur in Ermangelung brennbaren Materials aufhörten zu lodern. Solchen Leuten antworte ich mit dem 139. Psalm: „Schon meine unfertigen Teile sahen deine Augen, und in deinem Buch waren sie alle eingetragen." (Ich weiß zwar nicht genau, was das heißen soll, aber es klingt ungeheuer bedeutungsschwanger.)

Nachdem die unendliche Weisheit nun also beschlossen hatte, daß es sinnvoller wäre, mein Häuschen und mit diesem all meine Ersparnisse den Flammen zu opfern, sah ich mich plötzlich mit der Notwendigkeit konfrontiert, mir eine Arbeit suchen zu müssen. Auch hierbei erwies sich das von mir gerettete Buch „Die Macht Ihres Unterbewußtseins" als hervorragender Ratgeber. Da stand nämlich: „Der erste Schritt besteht darin, sich Klarheit darüber zu verschaffen, zu welcher Aufgabe man sich

von ganzem Herzen hingezogen fühlt. Nur wer seine Arbeit liebt, hat darin auch Erfolg. Versuchen Sie also unbedingt, Ihrer Lieblingstätigkeit nachzugehen."
Ich brauchte nicht lange zu überlegen, welcher Tätigkeit ich am liebsten frönte: Es hatte ganz allgemein, aber eben doch besonders mit Sex zu tun. Mein Entschluß stand fest.
Auch die folgenden Ratschläge schienen auf meine zukünftige Tätigkeit sorgfältig abgestimmt zu sein: „Der zweite Schritt besteht in der Spezialisierung auf ein bestimmtes Gebiet innerhalb Ihrer Lieblingstätigkeit. Und in dem Bemühen, darin besser Bescheid zu wissen als alle anderen."
Das leuchtete mir auf Anhieb ein, und ich legte mir in Gedanken schon mal ein paar spezielle Positionen zurecht.
Auch die nächste Anleitung paßte wie die sprichwörtliche Faust aufs Auge: „Sie müssen mit Begeisterung an Ihre Aufgabe herangehen und bestrebt sein, das erwählte Wissensgebiet bis zum letzten Winkel auszuloten."
Das schien mir zwar recht frivol formuliert, aber dennoch einleuchtend.

Es ist jetzt etwa 10 Tage her, daß ich aus meiner Lieblingstätigkeit einen Beruf gemacht habe. Könnte mit der Auslastung durchaus zufrieden sein. Leider ergeben sich da und dort, besonders dort, Konditionsschwierigkeiten, die ab und zu – also eher immerzu – Reklamationen nach sich ziehen.
Natürlich ist mir klar, daß „der Mensch erntet, was er gesät hat". Aber wenn es zum Abschluß mit dem Säen mal nicht so richtig klappt, muß man dann gleich hauen?

Ich bat die entsprechende Kundin, sich ein wenig zu gedulden und las ihr – ohne die eingenommene Position zu verändern – aus meinem Buch vor. Da stand schwarz auf weiß das Patentrezept: „Wer sich in einer schwierigen Lage befindet, sollte sich durch Lektüre oder Befragung geeigneter Fachleute die nötigen Auskünfte beschaffen."
Aber so lange wollte Rita – so hieß die Kundin – nicht warten und fing an, relativ unflätig zu zetern und Beschwerde zu führen. Daraufhin ließ ich ihr folgenden Rat zuteil werden: „Bei allem, um was Ihr betet und fleht, glaubet, daß Ihr empfangen habt, und es wird Euch zuteil werden (Markus 11, 24)."
Aber Rita lachte nur höhnisch und meinte: „Was ich am meisten fürchtete, ist über mich gekommen (Hiob)."
Mit diesen Worten schubste sie mich beiseite. Dann verlangte sie die volle Summe zurück, obwohl ich bereits ca. 37 Minuten für sie tätig geworden war.
Nachdem ich ähnliche Erlebnisse in den letzten drei Tagen achtmal durchstehen mußte, bin ich inzwischen psychisch so demontiert, daß ich mit Sicherheit beim Arbeitsamt eine Umschulung beantragen muß.
Mein Fiasko läßt sich in zwei Sätzen beschreiben: Das Problem des unbefriedigenden Abschlusses meiner Lieblingstätigkeit kann nur mein Motor, also mein Unterbewußtsein, lösen. Um meinem Unterbewußtsein den klar umrissenen Wunsch im dafür exakt notwendigen Augenblick übermitteln zu können, muß ich „jede bewußte Anstrengung vermeiden und mich innerlich und äußerlich total entspannen". Das ist ungefähr so, als wenn ich etwas essen sollte, ohne den Mund aufzumachen … Okay, ich weiß, es gibt die künstliche Ernährung. Aber wie funktioniert die bei einem Motor???
So weit die Aufzeichnungen.

Benjamin Boopel war total abgemagert, verzweifelt und im geistigen Labyrinth seines Buches und seiner Wahnvorstellungen gefangen, als sich Freunde seiner annahmen. Auf Anraten eines Psychiaters besorgten sie ihm Bücher, die sich mit der Natur, Blumen, Obst- und Gemüseanbau beschäftigten.

Benjamin Boopel hatte schon bald seine neue Lieblingslektüre gefunden. Es handelte sich um das „Weißbuch der Europäischen Richtlinien zum Krümmungsradius der Gurken". Es dauerte nur wenige Wochen, bis Benjamin sich einbildete, selbst eine Gurke zu sein.

Zuerst begann er damit, in seinem Schlafzimmer, um sein Bett herum, ein Gewächshaus zu errichten. Bald badete er nur noch in Essig und Öl und selbst das nur, wenn genügend Dill-Zusatz beigemischt wurde. Immer häufiger trug er statt eines Hutes ein Einweckglas auf dem Kopf.

Und als er sich schließlich genügend gekrümmt hatte, verlobte er sich mit einer Gurkenraspel, die er nächsten Monat heiraten will. Auf Vorhaltungen seiner Freunde ist er allenfalls bereit, einzuräumen, daß es bei der kirchlichen Trauung gewisse Schwierigkeiten geben könne …

Ledertäschchen's Lover

Notizen eines Zweinzelgängers

Quälende Ungewißheit. Entsetzliche Zweifel. Häufige Panik. Immer öfter hege ich unterschwellig die Befürchtung, daß ich – unter landläufigen Gesichtspunkten – von weniger als 2 % meines Bekanntenkreises als normal eingestuft würde. Dabei fällt es mir äußerst schwer, das zu überprüfen, weil ich über gar keinen Bekanntenkreis verfüge. Ich kenne eigentlich überhaupt keinen Bekannten. Außer einen bekannten Politiker. Und im Vergleich zu dem könnte ich mich getrost als absolut normal bezeichnen …

Manchmal glaube ich selbst, daß ich sie nicht alle habe. Aber wenn ich dann abends in mein kleines Ledertäschchen beiße, ist alles wieder gut. Dann kann ich mich stundenlang ganz normal mit meinem Schatten unterhalten. Wir harmonieren großartig! Um so mehr vermisse ich meinen Schatten tagsüber bei diesem trüben Regenwetter. Die Schattenmorellen sind auf die Dauer kein Ersatz. Muß an dieser Stelle kurz unterbrechen – mein kleines Ledertäschchen verlangt nach mir …

Hatte heute eine blendende Idee für eine Kurzgeschichte: Eine hellblaue Beutelratte erfährt von ihrem Psychiater, daß sich ihr Gemütszustand bessern könnte, wenn sie ihren Kamin nicht mehr mit Beuteln, sondern mit den Wimpeln ihres Fußballvereins beheizen würde.

Packende innere Auseinandersetzungen zwischen dem Wunsch der Beutelratte nach Gesundung und der Anhänglichkeit zum VfB Blauer Beutel. – Müßte vielleicht noch geringfügig bearbeitet werden!

Habe stundenlang mit meinem kleinen Ledertäschchen die Frage diskutiert: Gibt es Gerechtigkeit? Ich habe allen Grund, daran zu zweifeln.
A. parkt ab und zu falsch und findet jedesmal einen Strafzettel hinter dem Scheibenwischer. Immer!
Ich parke jeden Tag mehrmals im absoluten Halteverbot und finde stets nur leere Scheibenwischer vor. Dabei brauchte ich den amtlichen Beweis dafür, daß ich den Mut aufbringe, etwas Illegitimes zu tun, viel nötiger als A.
Überlegung: Vielleicht sollte ich heute abend doch mal quer auf der Autobahn parken! Und dann klappe ich beim Verlassen des Autos beide Scheibenwischer hoch, damit die Bullen nichts dahinterklemmen können. Das wird meine Rache!

Hab' mich heute vormittag – selbstverständlich im Beisein meines kleinen Ledertäschchens – mit O. über W. unterhalten. O. meinte, W. sei ein Idiot.
Hab' mich heute nachmittag – mein kleines Ledertäschchen ist Zeuge – mit W. über O. unterhalten. W. meinte, O. sei ein Volltrottel.
Hab' mich heute abend – auf Anraten meines kleinen Ledertäschchens – mit A. über O. und W. unterhalten – ohne ihn in ihre Meinung übereinander einzuweihen. Besorgt fragte ich A., was er von O. und W. halte. A. meinte, ich könnte mich beruhigen: Ich überträfe beide! Wie soll mein kleines Ledertäschchen das verstehen? –

Ich bin der festen Überzeugung – und mit mir sehr viele andere ... leider nicht –, daß jeder Mensch irgendeine ganz besondere Befähigung besitzt. Damit meine ich nicht, daß Peter dreimal mehr Alkohol verträgt als Paul. Oder daß Gustav fünfmal länger einem Politiker zuhören kann als Otto. Ich rede von ganz spezifischen Fähigkeiten, die die meisten an sich nie entdecken, weil sie nie auf die Idee gekommen sind, in sich nach ihnen zu suchen. Ich weiß zum Beispiel von mir heute, daß ich ein überdurchschnittlicher peruanischer Stabhochspringer hätte werden können. Nur bin ich leider nie auf die Idee gekommen, um die peruanische Staatsbürgerschaft nachzusuchen. Überdies: Zu dem Zeitpunkt, an dem ich dort umjubelter Landesmeister hätte werden können, wäre ich absolut konkurrenzlos gewesen, weil es die Disziplin Stabhochsprung noch gar nicht gab. Woraus man klar ersieht, daß ich die Chance, meinem Leben eine andere Richtung zu geben, verpaßt habe.

Nicht auszudenken, wie anders das Leben vieler Menschen verlaufen könnte, wenn sie a) ihre spezifischen Fähigkeiten entdecken würden, b) daraus ein Hobby gestalteten und dann c) aus dem Hobby womöglich einen lukrativen Beruf machten.

Natürlich klappt so was nicht immer. Ein Verwandter von mir hatte die wohl einmalige Fähigkeit, beim Anblick eines großen wimmelnden Ameisenhaufens innerhalb von 30 Sekunden sagen zu können, um wieviele Ameisen es sich exakt handelte. Aus so einer Fähigkeit läßt sich zwar ein Hobby machen aber natürlich nicht gerade auf Anhieb ein Beruf ableiten.

Aus Trotz versuchte er dasselbe bei einem Bienenschwarm, kam von diesem Experiment mit doppeltem

Körperumfang zurück und kann seitdem nicht mehr bis drei zählen.

Im Idealfall muß eine besondere Fähigkeit mit einer Neigung zusammentreffen. Nehmen wir einmal an, jemand hat eine Neigung zu großer Reinlichkeit und besitzt besonders starke Lungen, warum sollte er dann sein Glück nicht als Staubsauger versuchen?
Ein Arzt ging viele Jahre verdrossen seinem Beruf nach, indem er sich von morgens bis abends die schlechten Zähne seiner Patienten ansah, ohne jemals seine eigenen guten zeigen zu können. Heute übt er hochzufrieden den Beruf eines Nußknackers aus.
Ein anderer Mann versah jahrzehntelang auf dem Bahnhof den Beruf eines Gepäckträgers, obwohl er schlecht zu Fuß war und selbst gern verreist wäre. Heute ist er Gepäckträger auf einem Auto.

Soweit meine Überlegungen. Und die meines kleinen Ledertäschchens. Jetzt gilt es, für mein eigenes Leben daraus die richtigen Konsequenzen abzuleiten. Und mir wird gerade schlagartig klar, wie! Ich war mit äußerst mittelmäßigem Erfolg Bauhilfsarbeiter, Gärtnergehilfe und Büroaushilfskraft. In Zukunft – das sehe ich deutlich vor mir – werde ich Überdurchschnittliches leisten. Und ich werde dabei ausgeglichen und beschwingt sein. Gerade wird mir blitzartig klar: Ich werde unschlagbar sein – als Cognac-Schwenker! Prost, mein kleines Ledertäschchen!
Ich persönlich glaube nicht an Reinkarnation. Und mein kleines Ledertäschchen auch nicht. Sicher gibt es Ausnahmen, die einem Hoffnung machen. Hans-Dietrich Genscher ist bestimmt schon mal als Schweinchen Schlau

auf der Welt gewesen. Und Schalck-Golodkowksi als Bulldogge. Aber ich gehe sicherheitshalber mal lieber davon aus, daß jeder nur ein Leben hat. Deswegen gehe ich auch sehr vorsichtig mit meinem um. Ich setze sozusagen immer und überall auf „Nummer Sicher". Wenn ich zum Beispiel in eine Apotheke gehe, spielt sich das folgendermaßen ab. Ich komme rein und sage: „Guten Tag!"

Darauf der Apotheker: „Schön' guten Tag! Was kann ich für Sie tun?"

„Ich hätte zunächst mal eine Frage … "

„Ja bitte."

„Gehört diese Apotheke Ihnen?"

„Wie bitte? … Ja, natürlich!"

„Seit wann betreiben Sie sie?"

„Seit zirka vier Jahren."

„Seit vier Jahren erst?"

„Ja, vorher hatte ich zwölf Jahre die Rathausapotheke in Minden."

„Ach? Und haben Sie die aus freien Stücken aufgegeben?"

„Allerdings."

„Und warum?"

„Weil ich mich vergrößern wollte."

„Sie – sich vergrößern?"

„Nicht mich – mein Geschäft natürlich!"

„Wieviel Semester haben Sie studiert?"

„Neun."

„Wo?"

„Heidelberg."

„Hm! Haben Sie eine abgeschlossene Berufsausbildung?"

„Selbstverständlich."

„Als Forstwart womöglich, was?"
„Als Apotheker!"
„Wann erfolgte die Abschlußprüfung?"
„1964."
„Mit welchem Ergebnis?"
„Summa cum laude!"
„Würde es Ihnen dann etwas ausmachen, mir Ihr Abschlußdiplom zu zeigen?"
„Ich verstehe zwar nicht ganz, warum ... aber bitte: Hier!"
„Okay! – Dann geben Sie mir mal für eine Mark Heftpflaster!"
Auf diese Weise lebe ich heute noch. Und man braucht nur auf den Friedhof zu gehen, um zu sehen, daß viele Leute das von sich nicht mehr behaupten können.

Es ist morgens, 3 Uhr und 8 Minuten, wälze mich seit 6 Stunden und 9 Minuten ruhelos im Bett hin und her. Entsetzliche Schlafstörungen. Qualvoll!
Mein Arzt meint, verschiedene meiner Hirnareale seien von einem vorzeitigen Neuronenschwund betroffen. Natürlich totaler Blödsinn! Habe gestern zweimal Einschlafen geübt. Schlief beim ersten Mal mühelos von 9.00 bis 14.00 Uhr, beim zweiten Mal von 16.00 bis 20.00 Uhr. Warum nur will es nachts nicht klappen? Ich stehe – bzw. liege – vor einem Rätsel ...

Eine Frage quält mich: Gibt es ein Leben nach dem Tode? Und wenn ja: Darf man da rauchen?
Aber selbst wenn es für Raucher ein Leben nach dem Tode gibt, stellen sich neue Fragen. Es wird behauptet, die Frage des Lebens nach dem Tode sei durch einen Kom-

„Gibt es ein Leben nach dem Tode?
Und wenn ja: Darf man da rauchen?"

promiß gelöst worden, das heißt: Der Körper bleibt hier, und die Seele allein flattert in die ewigen Jagdgründe.
Nun kann meinen Beobachtungen zufolge meine Seele zwar einen Sonnenuntergang, eine Stimmung, ein Gefühl ergreifen – aber noch nie ist es mir gelungen, mit meiner Seele einen Gegenstand zu ergreifen. Das führt unweigerlich zu der Schlußfolgerung, daß meine Seele keine Hände hat! Und wie soll ich mir dann drüben eine Zigarette anzünden? Und wie – um Gottes willen – soll ich mein kleines Ledertäschchen streicheln?
Fragen über Fragen! Und deshalb wäre ich – wenn es denn tatsächlich ein Leben nach dem Tode gibt – durchaus zu einer kleinen Tauschaktion bereit. Ich biete auch einen großzügigen Rabatt an: Für – sagen wir mal – 10.000 Lebensjahre nach dem Tod würde ich mich kulanterweise mit 950 zusätzlichen vor dem Tod begnügen.
Ich würde sogar über 500 mit mir reden lassen, unter der Voraussetzung, daß ich in dieser Zeit nichts mehr mit Zahnärzten, Finanzbeamten und Polizisten zu tun hätte.
Werde – auf Anregung meines kleinen Ledertäschchens – vielleicht morgen mal eine diesbezügliche Annonce in die Zeitung setzen!!

Mein kleines Ledertäschchen schläft gerade. Deswegen versuche ich mal ganz schnell, mein eigentliches Hauptproblem darzulegen: Wie nähere ich mich einem weiblichen Wesen? Ich meine – konversationsmäßig! Aus der unverfänglichen Frage nach der Uhrzeit ergibt sich selten zwangsläufig eine längere Unterhaltung.
Letzte Woche versuchte ich es, indem ich – als die betreffende Dame die Uhrzeit nannte – sofort hervorsprudelte, wie spät es dann in diesem Moment gerade in Tokio sei … und in New York … und in Montegobay … und in

Ushuhaia. So verlängerte ich die Unterhaltung um ein Beträchtliches, mußte dann aber doch aufgeben, weil mir – neben ihrem Fahrrad herrennend – die Luft ausging.
Neulich leitete ich meine Bemühungen bei einer fremden Schönen relativ elegant mit folgender intimen Frage ein: „Hallo! Wie geht es Ihnen?"
Selbst erschrocken über diese meine Dreistigkeit, glaubte ich meinen dunkelrot angelaufenen Ohren nicht trauen zu dürfen, als sie im Tonfall – sicherlich nur gespielter – Gleichgültigkeit erwiderte: „Gut – und Ihnen?"
Diese Chance ließ ich mir nicht entgehen und gab einen ausführlichen Einblick in alle meine Krankheitssymptome, wobei ich auch mit detaillierten Angaben über ärztliche Befunde nicht sparte. Als ich gerade bei Narbenlänge und Blutverlust angelangt war, verdrehte sie die Augen und wurde ohnmächtig – so stark war ihr Mitgefühl für mich! Seitdem kam es zu keinem neuen Gedankenaustausch mehr. Sicherlich will sie mich als Rekonvaleszenten noch schonen!

In einem anderen Fall nahm ich all meinen Mut zusammen, trat auf die Auserwählte zu und röhrte mit der tiefsten aller meiner möglichen Stimmlagen:
„Hallo – hab' ich Sie nicht schon mal irgendwo gesehen?"
Der Erfolg war verblüffend. Sie jauchzte auf, und innerhalb von nur 17 Stunden wußte ich, daß sie Schauspielerin war, selten erkannt wurde, da seit 12 Jahren arbeitslos, früher aber bei bekannten Bühnen in Pinneberg, Uelzen, Delmenhorst und Tuttlingen engagiert war. Nach weiteren fünf Stunden einigten wir uns darauf, daß ich sie am 12. Oktober 1978 um 20 Uhr 17 oder in der Wiederholung am 13. Oktober desselben Jahres vormittags

um 10 Uhr 3 in einer Fernsehinszenierung von Camus' „Die Pest" gesehen haben müßte, in der sie die vierte Pesttote von links gegeben hatte. Sie war so freundlich, mich noch bis zur nächsten Nervenklinik zu begleiten.

Letzte Woche war es dann endlich soweit.
Ich fahre allein im Fahrstuhl eines Kaufhauses, als eine Traumfrau zusteigt. Noch bevor ich sie cool und total lässig fragen kann, ob sie auch so gerne Fahrstuhl fährt, blinzelt sie mir verführerisch zu. Ich erstarre. Wieder zwinkert sie mir zu.
Mein Unterbewußtsein signalisiert mir: Das ist deine Chance – greif zu! Und schon sehe ich meine beiden Hände die Stellen packen, an denen sich ihr Pullover mir sehnsüchtig entgegenbeult. Und ich frage:
„Na, Baby, kommst Du mit zu mir nach Hause? Ich zeige Dir auch mein kleines Ledertäschchen!"
In diesem Moment bringt die Traumfrau ihre rechte Innenhandfläche unsanft mit meiner linken Außenwange in Berührung. Und dann die linke Innenhandfläche mit meiner rechten Außenwange. Abwechselnd. Mehrmals. Dabei zwinkert sie mir weiter zu, denn sie hat ein Augenleiden.
Ich sah aus wie ein nach 15 Runden unterlegener Boxer und hatte bei Verlassen des Kaufhauses nicht gerade geringfügige Schwierigkeiten mit zwei uniformierten Männern, die mich mittels eines seltsamen verschließbaren Doppelarmbandes zwangen, ihnen in ein Gebäude zu folgen, das sie lächerlicherweise als Polizeirevier auszugeben versuchten.
Dabei steht außer Frage, daß nicht ich es war, der zuerst geblinzelt hat! Scheißweiber! Da lobe ich mir doch mein kleines Ledertäschchen!

Onkel Heinz – in Wirklichkeit heißt er Dr. Dr. von Krapp, aber ich lasse ihn glauben, ich wisse das nicht, und nenne ihn immer Onkel Heinz – also Onkel Heinz, bei dem ich oft auf dem Sofa liege, wenn wir uns unterhalten – Onkel Heinzi hat mir heute ein neues kleines Ledertäschchen mitgebracht. Es kaut sich wunderbar. Das Dumme ist nur, daß ich von meiner alten Ledertasche ja noch gar nicht geschieden bin. Probleme! Probleme!

Die 12. Sitzung

Solo für Charakterkomiker und Tonband. Molto allegro.

Das Bühnenbild zeigt eine Mischung aus Gummizelle und Krankenzimmer. Steril. Hell. Keine Türen. Keine Fenster. Keine Bilder. Sparsames Mobiliar. An der hinteren Bühnenwand eine Tafel mit den Initialen des Patienten: N. D., darunter Tabellen und Kurven. Während das Saallicht verlischt, erklingt Musik, die, vom Herzschlagrhythmus ausgehend, sich rockig entwickelt. Der Vorhang öffnet sich bei völlig abgedunkeltem Zuschauerraum. Das Bühnenlicht wird langsam reingezogen. Die Musik hat einen fanfarenmäßigen Schlußakzent.

Auf diesen Akzent erhebt sich hinter einem stummen Diener Norbert Dellendahtz, so daß das Versatzstück mit seinem Kopf als eine Figur erscheint.

Er guckt direkt ins Publikum, so, als habe er etwas gehört. Die Augen wandern nach rechts, nach links, wieder geradeaus. Vorsichtig tritt er hinter dem stummen Diener hervor. Er trägt eine Art Anstaltskleidung, nicht gerade seriös wirkend, aber auf keinen Fall gewollt komisch. Wieder guckt er ins Publikum. Er atmet, als wenn er etwas sagen wolle, bricht dann aber mißtrauisch ab. Er geht näher an die Rampe, guckt, als würde er Leute sehen, ist sich aber offensichtlich nicht ganz sicher. Wieder setzt er an, etwas zu sagen, bricht abermals ab und guckt wieder: Einbildung oder Wirklichkeit?

Vom Tonband kommt die Stimme des Psychiaters, freundlich – einfühlsam.

Psychiater: Herr Dellendahtz …

Dellendahtz: Ja. – Ja, Herr Doktor.

Psychiater: Nun fangen Sie mal langsam an, Herr Dellendahtz!

Dellendahtz: *(guckt mißtrauisch und irritiert ins Publikum)* Ich glaube, das wird heut' nichts. Kommen Sie mal lieber morgen wieder …

Psychiater: Aber warum denn, Herr Dellendahtz? Was ist denn?

Dellendahtz: Ich habe wieder das Gefühl, … daß ich nicht ganz allein bin! – Verstehen Sie?

Psychiater: *(leicht gereizt)* Herr Dellendahtz …

Dellendahtz: Nein, nein, nicht daß ich denken würde, daß ich nicht ich bin. Oder, daß ich ein anderer wäre! Nein, nein. Heute habe ich ganz deutlich das Gefühl …. es guckt mir jemand zu! Und wenn ich jemand sage, dann ist das ganz schön untertrieben. Ich sehe Leute! Und – Herr Doktor – die gucken mich alle an! Wirklich!

Psychiater: *(leicht gereizt, ungeduldig)* Herr Dellendahtz, wie oft soll ich Ihnen das noch sagen: Das bilden Sie sich nur ein! Die Leute, die Sie da zu sehen vermeinen, existieren nur in Ihrer Einbildung.

Dellendahtz: *(ist inzwischen nah ans Publikum herangegangen und vor einer hübschen Zuschauerin stehengeblieben, die er eine Weile fasziniert anschaut)* Schade! Wirklich sehr schade!

Psychiater: Diese Leute sind nicht existent – die gibt es in Wirklichkeit nicht!

Dellendahtz: *(steht vor einem entsprechenden Zuschauer)* Okay, ich will nicht sagen, daß es ein Verlust wäre …

Psychiater: Herr Dellendahtz, jetzt hören Sie mir bitte mal zu:
(von hier an spricht **Dellendahtz** *den Text synchron mit, er hat ihn wohl schon oft gehört)*
Ich habe Sie auf Ihren ausdrücklichen Wunsch in meine Klinik aufgenommen. Ich habe Verständnis dafür aufgebracht, daß Sie sich nicht frei äußern können, wenn ich mich mit Ihnen gemeinsam in einem Raum befinde. Seit Beginn der Therapie sitze ich also von Ihnen getrennt, nur durch ein Mikrofon und eine Videokamera mit Ihnen verbunden. Dies ist unsere 12. Sitzung – und jedes Mal sehen oder hören Sie Leute, die Sie angeblich am Sprechen hindern. Meine Zeit ist mir einfach zu schade, einem Menschen stundenlang zuzuhören, der stundenlang nichts sagt.
(Ab hier Tonband solo.)
Damit eins klar ist: Dies ist heute mein letzter Versuch, Ihnen als Therapeut zu helfen. Herr Dellendahtz, bitte sprechen Sie – jetzt!

Dellendahtz: *(ahmt das Zeichen eines Anrufbeantworters nach)* Tuuut! – Ja, die Frage ist nur: Worüber soll ich sprechen? – Ich könnte Ihnen sagen, daß ich Leute sehe – aber das wollen Sie ja nicht hören – *(hoffnungsvoll)* oder?

Psychiater: Nein.

Dellendahtz: *(sinnend)* Jaaa, was könnte ich sagen?

Psychiater: Egal! Sagen Sie irgend was!

Dellendahtz: Irgend was?

Psychiater: Ja.

Dellendahtz: a + b in Klammern zum Quadrat = a^2 + 2ab + b^2 *(strahlend)* Na?

Psychiater: *(sich sehr zusammennehmend)* Herr Dellendahtz …

Dellendahtz: Oder lieber den Pythagoras?

Psychiater: Herr Dellendahtz, wir brauchen doch wohl nicht von einem gleichschenkligen Dreieck zu sprechen, um endlich auf Ihre Probleme mit Frauen zu kommen.

Dellendahtz: *(leicht verklemmt, total in der Defensive)* Bitte, Herr Doktor! Bitte sagen Sie nicht immer dieses Wort!

Psychiater: Herr Dellendahtz, erzählen Sie mir doch mal etwas über Ihre Kindheit! Und über Ihr Elternhaus!

Dellendahtz: *(beginnt stockend, spricht sich dann aber schnell frei)* Also, seit neuestem weiß ich ja, daß das überhaupt gar nicht meine Schuld ist … meine ganzen Schwierigkeiten mit … diesem anderen Geschlecht … oder wie man das sonst nennt!

Psychiater: Wie meinen Sie das?

Dellendahtz: Ich meine: Bis vor kurzem dachten die Wissenschaftler ja, daß das ungeborene Kind die längste Zeit im Mutterleib nur so'n unempfindliches, primitiv-vegetierendes Etwas ist. So'n … so'n … Zellklumpen! Heute weiß man's besser … Das müssen Sie sich mal vorstellen: Schon als ich erst 1,8 mm groß war, da … da … da funktionierte mein Gehirn bereits als Gestaltungsapparat. Müssen Se sich mal vorstellen …

Psychiater: Ja, das ist alles richtig! Und? Weiter!

Dellendahtz: Naja, und als ich 25 Tage alt war – also, da war ich genau 3,4 mm groß, und da … da … da hatte ich schon 'n … Genitaltrakt. – Also wenigstens die Anlage dazu!

Psychiater: Ja! Gut! Schön! Und weiter?

Dellendahtz: Und dieser junge Keim – also ich meine jetzt das Ganze, nicht bloß den Teil, an den Sie jetzt denken – also, dieser ganze Keim, habe ich gelesen, beginnt nun schon zu dieser Zeit an allem, was seiner Mutter widerfährt, teilzuhaben. Also: Wenn ich das richtig verstehe, dann hab' ich doch jede Art von Gemütserregung meiner Mutter …

Psychiater: Völlig richtig! Die haben Sie voll mitbekommen!

Dellendahtz: Und bei mir war eben das Dumme: Meine Mutter war Damenringkämpferin. Und wenn man bedenkt, wie eng die Verbindung zwischen dem körperlichen Befinden der Mutter und dem des Kindes ist, dann können Sie sich vielleicht vorstellen, wie mich das jedes Mal erschüttert hat, wenn meine Mutter von ihrer Gegnerin auf die Bretter geknallt wurde.

Psychiater: Ja, ja, natürlich!

Dellendahtz: Ich meine: Auch seelische Pein, die meine Mutter erleiden mußte, die hab' ich natürlich voll mitbekommen.

Psychiater: Zum Beispiel?

Dellendahtz: Jedes Mal, wenn meine Mutter in den Ring geführt wurde, hat sie sich zu Tode gegrämt.

Psychiater: Wieso?

Dellendahtz: Der Ansager schrie immer: Eva Merkelsbach – genannt die Schreckschraube von Wanne-Eickel. – Und dann manchmal … also, wenn sie verloren hat … oh mein Gott, diese Adrenalin-Stöße! Da mußt' ich mich ganz schön festkrallen, sonst hätt' mich meine Mama im Galopp verloren – wie's im Volksmund so schön heißt. –

Und von wegen Geborgenheit – ich hatte auch nicht grade das intakte Elternhaus. Papa und Mama verstanden sich nicht sooo toll, war'n einfach zu verschieden. Das fing schon damit an, daß Mama 1,88 m groß war und Papa nur 1,62 m. Wenn Mama nach ihrem Schaukampf angetrunken nach Hause kam, hing sie den großen Wandspiegel ab, haute ihn Papa übern Detz, hing sich Papa über den Kleiderhaken und benutzte ihn als Punching-Ball. – Tja! Ich glaube, Papa war der erste Pazifist!

Psychiater: Hm, hm, verstehe!

Dellendahtz: Und dann – bei den Aufregungen hatte ich das neun Monate lang gar nicht gecheckt – gleich bei der Gehurt der nächste Schock: Wie soll ich's mal ausdrücken … also, wenn man sich das Ergebnis der Bemühungen meiner Eltern von vor neun Monaten genau betrachtete – dann … also dann stellte ich nur 50 Prozent dar. Wir waren nämlich Zwillinge! Und zwar auch noch eineiig! Bitte, entschuldigen Sie den Ausdruck!

Psychiater: Nein, nein, das heißt so: Eineiig!

Dellendahtz: Gleich bei der Geburt hat sich mein Bruder vorgedrängelt, hat sich mit mir am Ausgang gekeilt, also … verkeilt – deswegen auch meine Gesichtsform!

(Er kämpft mit den Tränen.)

Psychiater: Herr Dellendahtz, bitte beruhigen Sie sich!

Dellendahtz: Aber das eigentlich Schlimme war: Entscheidende Teile des Nervensystems waren zwischen meinem Eineiigen und mir verrutscht …. also er kann zum Beispiel bis heute nichts schmecken, nichts riechen, kann nicht unterscheiden, ob er gestreichelt oder gekniffen wird, ob etwas kalt oder warm ist. Ich kann es!

Psychiater: Na, das ist doch schön für Sie!

Dellendahtz: Von wegen! Das Dumme ist nämlich: Ich empfinde sozusagen stellvertretend für meinen Bruder. Wenn der erkältet ist, muß ich niesen, schon als ganz kleines Baby. Die Ärzte standen vor einem Rätsel – weil, sie behandelten natürlich immer mich, nur: Es wurde und wurde nicht besser.

Wenn mein Bruder sein Fläschchen zu heiß bekam, verbrannte ich mir die Schnauze. Er rannte gegen den Türpfosten – und ich kriegte die Beule ... Er stopfte sich stundenlang mit Pommes Frites, Eis und Süßigkeiten voll – und ich ging für ihn kotzen. Später, als er groß genug war, das Prinzip zu durchschauen, hat er das voll ausgenutzt.

Psychiater: Wie ausgenutzt, Herr Dellendahtz?

Dellendahtz: Einmal – also, das werd' ich nie vergessen – kam er zu mir und verlangte von mir eine Unterschrift, mit der ich mich verpflichtete, in Zukunft mein gesamtes Taschengeld ohne Abzüge direkt an ihn weiterzuleiten.

Das hab' ich natürlich abgelehnt. Da hat er am nächsten Tag in der Schule so viel Blödsinn gemacht, daß ihm der Lehrer *(weinerlich)* – so was gab's damals noch – vor versammelter Klasse 'n paar mit 'm Rohrstock verabreicht hat.

Der Rohrstock sauste durch die Luft, klatschte auf den Hintern von meinem Eineiigen, und mir tat der Arsch weh. Mein Bruder lachte, der Lehrer verdoppelte seine Schlagkraft, und ich wußte nicht mehr, wie ich sitzen sollte. Mein Bruder wackelte wie eine Ente auffordernd mit seinem Hinterteil, der Pauker – inzwischen zornesrot und außer sich – holte zum entscheidenden Schlag aus, man hätte eine Stecknadel fallen hören können, da schrie ich in die Stille: ‚Halt, halt! Du kriegst mein Taschengeld!'

Der Lehrer bezog diesen Zwischenruf natürlich auf sich, sah darin einen Korruptionsversuch, winkte mich zu sich nach vorn, und der Rohrstock klatschte auf meinen Hintern, während mein Bruder sich ausrechnete, was ihm sein genialer Einfall pro Jahr an Zusatzeinnahmen bescherte. *(Er kämpft wieder mit den Tränen.)*

Psychiater: Gut, ich kann das wirklich nachempfinden, Herr Dellendahtz. Aber irgendwann ist Ihr Bruder doch auch mal erwachsen geworden …

Dellendahtz: Von wegen! Einmal – da waren wir vielleicht 18 – sind wir zusammen ausgegangen. Fing auch echt nett an der Abend. Am Nebentisch 'n nettes Mädchen, sie lächelt mich an, ich lächle zurück, wir tanzen und – wie soll ich mal sagen – kommen uns schnell näher. Küßchen und so! Na ja, und dann bin ich mal eben kurz pinkeln gegangen. In *der* Zeit kippt mein Bruder 'ne halbe Flasche Whisky runter – und ich komme völlig besoffen aus der Toilette getorkelt …

Na, das Mädel hat vielleicht geguckt! Während ich lallend eine Erklärung zu stammeln versuche, hebt mein Bruder einen fünfstöckigen Cognac auf Oberkante Unterlippe, schnuppert genüßlich daran und sagt dann bedeutungsvoll, kurz bevor er das Glas ansetzt: „Na, willste heute wieder in der Gosse schlafen, oder gehste freiwillig?"

Psychiater: Hat sich denn der Kontakt zu Ihrem Bruder inzwischen gebessert?

Dellendahtz: Inzwischen haben wir gar keinen Kontakt mehr. Er lebt irgendwo im Bayerischen Wald – glaub' ich – aber leider wächst die Intensität der Empfindungen mit zunehmender geographischer Entfernung voneinander.

Psychiater: Wie soll ich das verstehen?

Dellendahtz: Na ja – mal so gesagt: Ich bin sicher, wenn er sich in Neuseeland zwei Minuten uneingecremt in die Sonne legt, krieg ich hier in Berlin Verbrennungen dritten Grades ...

Psychiater: Na, übertreiben Sie da nicht 'n bißchen?

Dellendahtz: Vor fünf Jahren ist mir 'n Ding passiert. Ich fahre nachts mit 'm Bus nach Hause, sitze so vor mich hin, mir gegenüber zwei junge Frauen. Auf einmal geht's los: Ich fange an rumzustöhnen, winde mich genüßlich auf meinem Sitz, ächze erregt und stöhne geil vor mich hin. Woher sollte ich auch wissen, daß mein Bruder grad seine Hochzeitsnacht feierte ...?

Psychiater: Und dann? Was haben Sie gemacht in dieser Situation?

Dellendahtz: Mußte ich natürlich aussteigen und stöhnend – Brunstschreie ausstoßend – nach Hause laufen. Dummerweise hatte mein Bruder seinen Höhepunkt genau in dem Moment, in dem ich gerade das Treppenhaus hochschlich. Also ich muß so laut geschrien haben, daß alle Nachbarn ihre Wohnungstüren aufrissen. Müssen Sie sich mal vorstellen, was in deren Köpfen vor sich gegangen sein mag: Die sehen einen ganz normal gekleideten, offensichtlich nüchternen Nachbarn mit 'm Schlüsselbund in der Hand, und der schreit freundlich grüßend: „Jaaaa, jaaaa – Wahnsinn, jaaaa – ich bin daaaa!"

Psychiater: Jaaaa! Herr Dellendhatz! Erzählen Sie ruhig weiter!

Dellendahtz: Um noch mal auf meine Kindheit zurückzukommen: Ich war 'n absoluter Spätentwickler. Mit vier Jahren – das müssen Sie sich mal vorstellen – sprach ich noch kein Wort. Konnte dafür aber perfekt unseren tropfenden Wasserhahn in der Küche nachmachen. *(Er ahmt es nach: blop blop blop)*. Und das zischende Geräusch einer geöffnet werdenden Limo-Flasche. *(pschschittt)*.

Andererseits war ich schon als Kleinkind 'n Hypochonder par excellence.

Man brauchte mir nur 'ne Plastikrose zu zeigen, schon kriegte ich Asthma-Anfälle. Wenn ich nur 'n Foto von einem Ginsterbusch sah, schon hatte ich Heuschnupfen ... Wenn mein Vater für mich den Brummkreisel tanzen ließ, kriegte ich 'n Drehwurm.

Psychiater: Ja, Herr Dellendhatz, wie war denn das Verhältnis zu Ihrem Vater?

Dellendahtz: Natürlich hatte Papa zu Hause nichts zu sagen, solange die Mama da war. Um so mehr versuchte er sich natürlich zu produzieren, wenn sie nicht dabei war. Beim Einkaufen z. B. – je mehr Publikum, um so besser! Sie können sich nicht vorstellen, wie sehr ich darunter gelitten habe.

Wir standen z. B. einmal an einer Currywurstbude, als sich ein Kunde in Begleitung eines Hundes anstellte. Mein Vater – ich hätte im Boden versinken mögen – fixierte den Hund, streckte die Hand aus und sagte: „Siehste, mein Sohn, das ist er!" Darauf ich: „Papa, bitte!!"

Aber mein Vater ließ sich nicht beirren und sagte zu dem Hund: „Fuchs, du hast die Gans gestohlen! Gib sie wieder her! Na los, gib sie wieder her! Sonst – soll dich der Jäger holen – und zwar mit dem Schießgewehr!"

Alle Kunden starrten entgeistert zwischen meinem Vater und mir und dem Köter hin und her, warfen sich vielsagende Blicke zu. Der Würstchenverkäufer der Imbißbude unterbrach seine Arbeit und guckte, seinen

Augen und Ohren nicht trauend, zu uns rüber. Passanten blieben stehen.
Mein Vater aber beugte sich zum Hund runter und sagte eindringlich mit tiefer Stimme: „Seine große lange Flinte schießt auf dich das Schrot!" Und zu den Umstehenden gewandt, fügte er hinzu: „Schießt auf ihn das Schrot!" Dann wandte er sich schnell wieder dem Hund zu: „Bis dich färbt die rote Tinte – und dann – phht – bist du tot!"
Jetzt ging er – eine bedeutungsschwangere Pause machend – in die Knie und säuselte liebevoll zu dem verdutzt dreinschauenden Hund: „Liebes Füchslein, laß dir sagen: Sei doch bloß kein Dieb!! Nimm – du brauchst nicht Gänsebraten – mit … ähhhm … mit der Maus vorlieb! Jaaaa! Mit der Maus vorlieb!"
Dann stand er auf und wandte sich an die Umstehenden: „Na, ist das nicht 'n guter Vorschlag?"
Und an den Würstchenverkäufer gewandt, fügte er hinzu, als wenn nichts gewesen wäre: „Zwei Currywürste, bitte!"
Kein Mensch kann sich vorstellen, was ich in solchen Situationen gelitten habe!

Psychiater: Verstehe! Verstehe! Was haben Sie denn sonst noch für Erinnerungen an Ihr Elternhaus?

Dellendahtz: Am schlimmsten waren für mich die Familien-Wochenenden. Wenn Mama Freitagnacht ihre Schaukämpfe gewonnen hatte, gingen wir samstags gegen 17.00 Uhr immer in die Kneipe neben dem Friedhof „Zur letzten Träne".
Als erstes drückte Mama in der Musikbox 'n Marsch. Papa dirigierte, und mein eineiiger Bruder haute dazu im Takt mit dem Kopf auf die Tischplatte. Das fing für mich schon mal gut an!

Irgendein Gast lallte eine Essensbestellung, der Wirt rief wie auf Verabredung: Alles alle! Und dann kam der große Auftritt meiner Mutter.
Ich erstarrte verängstigt, denn sie deutete auf mich und sagte zu dem hungrigen Gast: „Mein Sohn hat sehr schönes, weiches Fleisch. Soll ich Ihnen 'ne Scheibe abschneiden? 'ne echte Delikatesse! Das Kilo 19 Mark 80. Aber Sie können ihn auch im Stück haben. Sagen wir 900 Eier oder Getränke frei bis zum Abwinken!"
Und da der entsprechende Gast zumeist nicht bereit schien, auf das Angebot einzugehen, fügte sie hinzu: „Doch, doch! Können Sie ruhig annehmen! Sie sehen ja, ich habe zwei von der Sorte. Den können Sie auch zu Hause für Ihre Alte prima als Nervensäge verwenden. Passen Sie mal auf: Na los, sag' was zu dem Onkel!" Darauf ich: „Blob, blob, blob – pschschittt pschschittt!"
Die Kneipe leerte sich abrupt, und meine Mutter meinte zum Wirt: „Komm, wir wetten um die nächste Flasche Cognac! Du steckst diesen Sohn hier" – damit deutete sie auf meinen Eineiigen – „in deine Tiefkühltruhe, und wenn du ihn nach zehn Minuten wieder rausholst, wetten, daß dieser hier" – und damit deutete sie auf mich – „von oben bis unten mit Eiszapfen bedeckt ist?"
Und sobald sie erst mal so besoffen waren, daß sie nicht mehr nach Hause laufen konnten, stellten sie doch tatsächlich Plastik-Maiglöckchen vor mich auf den Tisch, warteten geduldig darauf, daß ich einen meiner pseudo-allergischen Erstickungsanfälle bekam, um sich dann kostenlos von der Feuerwehr nach Hause fahren zu lassen.

Das war für mich schon 'n tolles Gefühl, wie ich als Dreikäsehoch jedes Wochenende dafür sorgte, daß meine lieben Eltern wohlbehalten nach Hause chauffiert wurden. Das gab einem das Gefühl, gebraucht zu werden, zu was nutze zu sein. Toll – vermisse ich richtig 'n bißchen!

Psychiater: So! Das vermissen Sie! Hm! Hm!

Dellendahtz: Nur – und damit komme ich nun wieder zum Ausgangspunkt zurück – könnte es sein, daß all diese in meiner Erinnerung verklärten Kindheitserlebnisse mit meinen Schwierigkeiten zusammenhängen, mit meinen Schwierigkeiten … ähm … also mit diesen Menschen, die nicht dasselbe Geschlecht haben wie ich …?

Psychiater: Nun – es ist wissenschaftlich erwiesen, daß man sich bei der Partnerwahl bewußt oder unbewußt an seinen Eltern orientiert.

Dellendahtz: Oh Gott, oh Gott!

Psychiater: Alle Erfahrungen, die Sie als Kind mit Ihren Eltern gemacht haben, sind in Ihnen gespeichert und gelten als Schablone, nach der Sie Ihren Partner auswählen werden.

Dellendahtz: Furchtbare Vorstellung!

Psychiater: Nach der „Entsprechungs-Theorie" werden Sie sogar nach einem Partner suchen, der der gleichen sozialen Schicht entstammt, über den gleichen kulturellen Hintergrund verfügt …

Dellendahtz: Kultureller Hintergrund ist gut!

Psychiater: … und der aus möglichst gleichen familiären Verhältnissen kommt!

Dellendahtz: Wo soll ich denn 'ne Partnerin finden, deren Eltern ihr Kind für eine Flasche Cognac in die Tiefkühltruhe sperren ließen?

Psychiater: Darüber sprechen wir in der nächsten Sitzung, Herr Dellendahtz. *(***Dellendahtz** *fängt an, loszuprusten, lacht sich ständig steigernd, lacht und lacht und lacht.)*

Herr Dellendahtz! Was ist denn?

Dellendahtz: *(unterbricht sein Lachen abrupt und sagt total trocken)* 'tschuldigung, meinem Bruder wurde gerade 'n Witz erzählt!

Black out.

Hier endet der erste Akt. Der zweite Akt konnte nie geschrieben werden, weil der Autor selbst zum Psychiater mußte. – – – Schade?

Die (beinahe) sechs Jahrzehnte des Dieter Hallervorden

Wenn man sich mit Dieter Hallervorden über seinen Lebenslauf unterhält, überrascht er mit einem Eingangsstatement: „Es ist schon eigenartig, wenn man als 59jähriger den heiligen Zorn auf seine Geburtsstadt Dessau bekommt!" Der Grund: Bei der letzten Landtagswahl haben dort etwa 25% der Wähler für die von Hallervorden geschmähte SED-Nachfolgepartei PDS votiert ... Sei's drum. Fangen wir bei den wichtigsten Stationen nach der Geburt an:

Rechtzeitig, bevor Dessau zu 90% im Bombenhagel versank, war Hallervorden von seinen Eltern in das idyllische Harzstädtchen Quedlinburg evakuiert worden.

Nach seiner Rückkehr beendet er in Dessau die Grundschule als einer der besten des Landkreises. Trotzdem wird er – als Sohn eines Flugzeugkonstrukteurs – vom „Arbeiter- und Bauernstaat" der SED nicht zum Besuch der Oberschule zugelassen. Der Zivilcourage und dem monatelangen Einsatz seines Vaters hat er es zu verdanken, daß die Entscheidung schließlich staatlicherseits rückgängig gemacht wird und Hallervorden vier Jahre später – als 17jähriger (!) – das Abitur machen kann.

Danach studiert er an der Humboldt-Universität im „demokratischen" Sektor von Berlin Romanistik. Wenige Jahre später jobt er neben dem Studium als Dolmetscher. Grundvoraussetzung: Jeder Dolmetscher hat die Fragen

ausländischer Gäste nach bestem Wissen und Gewissen – d. h. konform mit den Interessen des „Arbeiter- und Bauernstaats" – zu beantworten. Da sich Hallervorden nicht an diese Direktive hält, wird es für ihn bald höchste Zeit, nach Westberlin zu flüchten.

Dort setzt er sein Studium an der Freien Universität fort, belegt als zweites Fach Publizistik und hört Vorlesungen in Theaterwissenschaft.

Er jobt als Bauhilfsarbeiter, Bierfahrer und Gärtner. Zum Zeitvertreib wird er Mitglied der Theatergruppe „La Compagnie des Inconnus". Und er ist bereits im Doktorandenseminar, als er den Entschluß faßt, aus dem Hobby der Schauspielerei einen Beruf zu machen.

Bei der Aufnahmeprüfung für die Max-Reinhardt-Schauspielschule wird er abgelehnt – wegen Mangel an Begabung! Er gibt nicht auf, macht seine Eignungsprüfung vor einer Kommission der Bühnengenossenschaft und bekommt einen Ausbildungsplatz an der damals renommiertesten Privatschule Berlins bei Marlise Ludwig.

Schon bald spielt er in der „Tribüne" und bei den „Vaganten". Er bricht sein Studium ab und gründet – gemeinsam mit anderen Kollegen – das politisch-satirische Kabarett „Die Wühlmäuse", dem er auch heute noch als Direktor vorsteht und das unter seiner Leitung mittlerweile 34 Jahre ohne Subventionen (!) existiert. Er produziert im Laufe der Jahre mehr als zwei Dutzend Programme, unternimmt zahlreiche Tourneen durch Deutschland, Österreich, die Schweiz und Dänemark. Schnell folgen Funkproduktionen und kleinere Fernsehengagements. Doch bei der Aufzeichnung seines Kabarettprogramms anläßlich der Funkausstellung kommt es zum Eklat. Hallervorden widersetzt sich den Zensurbestrebungen eines Fernsehsenders – und urplötzlich sind ihm für die nächsten fünf Jahre die Türen sämtlicher Rundfunk- und Fernsehanstalten verschlossen.

Hallervorden: „Es war wie abgerissen! Eine Art Berufsverbot!“ Dann gelingt ihm mit seinem bisher einzigen Soloprogramm „Seltsame Begegnung“ ein phänomenaler Erfolg. Das Programm wird vom WDR aufgezeichnet – die Fernsehsperre ist durchbrochen! Von da an geht's bergauf. Er spielt den Gangsterboß Köhler im legendären „Millionenspiel“ von Wolfgang Menge und – neben Arno Assmann – den schizophrenen „Springteufel“.

Nebenher gelingt es ihm als erstem, mit seinen „Wühlmäusen“ einen gegenüber dem konventionellen Nummernkabarett neuen Stil zu prägen: Das kabarettistische Theater mit durchgehenden Rollen. Mehr als nur wohlwollende Kritiken sind die verdiente Resonanz.

Hallervorden dreht zwölf Folgen der satirischen Serie „Abramakabra“ unter der Regie von Joachim Roering. Danach sechs Folgen von „Grand Gala“, das „Lästerlexikon“, „Welle Wahnsinn“ u.v.a.m. Dr. Heinz Liesendahl holt ihn zum Süddeutschen Rundfunk nach Stuttgart. Und dort startet Hallervorden mit „Nonstop Nonsens“ seinen bisher größten Fernseherfolg; er verbucht Einschaltquoten, wie sie heute allenfalls noch Europacup-Spiele im Fußball erreichen …

Hallervorden bringt zehn Langspielplatten und über 30 Singles heraus. Die bekanntesten und erfolgreichsten Songs: „Mit dem Gesicht“, „Ich bin der schönste Mann in unserer Mietskaserne“ und das zu einer für ihn selbst kaum erklärbaren Popularität gelangte Lied „Du, die Wanne ist voll“ mit Helga Feddersen. In dieser Zeit dreht er 10 Kino-Spielfilme, u.a. „Didi – der Doppelgänger“, „Didi und die Rache der Enterbten“, „Didi auf vollen Touren“ und „Didi – der Experte“.

Mit zehn Folgen der „Didi-Show" – die er zum ersten Mal auch als sein eigener Regisseur betreut – und einer Hundert-Tage-Tournee unter dem Titel „Des Wahnsinns kesse Beute" verabschiedet sich Hallervorden am 17. März 1990 bis auf weiteres von der Figur Didi und kehrt – wie es sich in seinen letzten drei Spielfilmen schon thematisch voraussehen ließ – zu seinen Wurzeln, dem politisch-satirischen Kabarett zurück. Er gründet die Firma „Halliwood" und produziert 21 Folgen der Spottschau für SAT 1. Zur Überraschung vieler Kritiker gelingt es ihm, bei aller satirischen Schärfe und kabarettistischen Zeitkritik die Sendungen unterhaltsam, lustig und breitenwirksam zu gestalten.

Zum Jahresende 1994 kehrt er zur ARD zurück und produziert eine ebenfalls politisch-satirische Serie unter dem Titel „Hallervorden's Spott-Light".

Hallervorden lebt abwechselnd in Berlin/Deutschland und Trégastel/Frankreich. Entgegen der verbreiteten Legende haust er nicht im Wohnwagen, ist aber Wohnmobil- und Inselfan. Er hat zwei Kinder, ist in zweiter Ehe mit Elena, geb. Blume, verheiratet und nennt als Hobbies: Lesen, Surfen, Segeln, Gärtnern und Reisen.